S I E B E N G E B I R G E

NATURPARK – ORTE – SEHENSWERTES

SIEBENGEBIRGE

NATURPARK – ORTE – SEHENSWERTES

FRIEDER BERRES
CHRISTIAN KIESS

HERAUSGEGEBEN VOM
HEIMATVEREIN SIEBENGEBIRGE
KÖNIGSWINTER

Rheinlandia

RHEINLANDIA VERLAG

Dank für finanzielle Unterstützung gebührt

der Nordrhein-Westfalen-Stiftung, Düsseldorf
Naturschutz, Heimat- und Kulturpflege
dem Verschönerungs-Verein für das Siebengebirge e.V., Bonn
der Professor-Rhein-Stiftung, Königswinter
dem Rhein-Sieg-Kreis, Siegburg
der Volksbank Siebengebirge eG Bad Honnef
der Bergbahnen im Siebengebirge AG, Königswinter
der Raiffeisenbank eG Königswinter

Die Deutsche Bibliothek – CIP-Einheitsaufnahme

Siebengebirge : Naturpark – Orte – Sehenswertes / hrsg. vom Heimatverein Siebengebirge e. V., Königswinter, Frieder Berres und Christian Kiess. Mit einer Einl. von Winfried Biesing. – Siegburg : Rheinlandia-Verl., 1994
ISBN 3-925551-72-7
NE: Berres, Frieder; Kiess, Christian; Heimatverein Siebengebirge

3. Auflage 1995

Herausgeber: Heimatverein Siebengebirge e.V. Königswinter
Bilder: Frieder Berres, Königswinter; Iris Jesko, Königswinter; Christian Kieß, Bad Honnef; Axel Thünker, Remagen
Konzept und Bildtexte: Frieder Berres, Königswinter
Gestaltung und Herstellung: Karin Krause, Siegburg
Layout: Uta Königsfeld, Königswinter
Lithos: Kuntzmann, Troisdorf
Satz: MS-Satz, Neunkirchen-Seelscheid
Druck und Bindearbeiten: Moeker Merkur Druck, Köln

ISBN 3-925551-72-7

Inhaltsverzeichnis

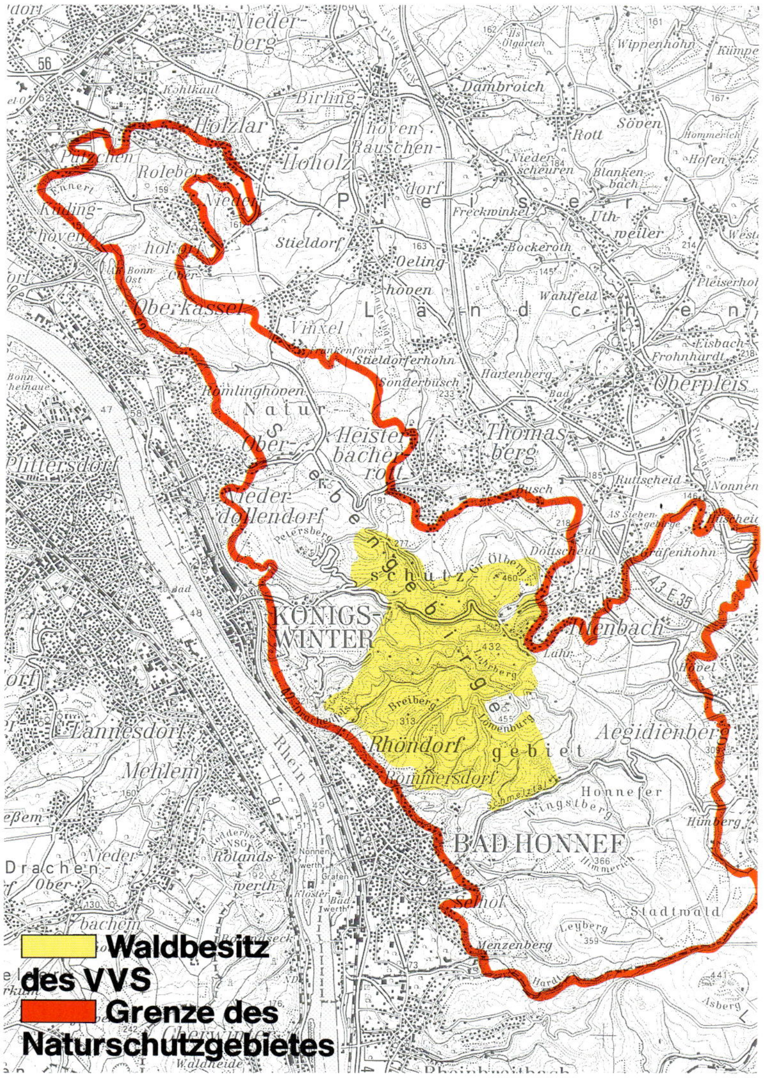
Waldbesitz des VVS
Grenze des Naturschutzgebietes
Holzlar
Hoholz
Birlinghoven
Rauschendorf
Dambroich
Rott
Söven
Stieldorf
Oeling
Oberkassel
Vinxel
Stieldorferhohn
Römlinghoven
Heisterbacherrott
Thomasberg
Oberpleis
Niederdollendorf
Plittersdorf
KÖNIGSWINTER
Rhöndorf
Aegidienberg
Mehlem
Lannesdorf
BAD HONNEF
Stadtwald
Rhein

Seite/*page*/page 90–91
Himmerich, Broderkonsberg und Hauptwanderweg im Südosten des Naturparks
The hills of Himmerich, Broderkonsberg, and the main trail in the southeast part of the Natural Preserve.
Les collines Himmerich et Broderkonsberg et le sentier de promenade principal au sud-est du parc Naturel.

Seite/*page*/page 92
Rhöndorf ist wegen des ersten Bundeskanzlers Dr. Konrad Adenauer weit bekannt/Sein Haus und seine Grabstätte
The village of Rhöndorf is known for the first German federal Chancellor, Dr. Konrad Adenauer. His residence and his tomb.
Le village de Rhöndorf est renommé pour le premier Chancelier fédéral Dr. Konrad Adenauer/Sa maison d'habitation et son tombeau.

Seite/*page*/page 93
Die Kapelle von Rhöndorf aus dem Jahr 1714
The Rhöndorf Chapel dating from 1714.
La chapelle de Rhöndorf datant de 1714.

Seite/*page*/page 94
Auch zwischen Rhöndorf und Königswinter findet man viele Weinberge
There are many vineyards between Rhöndorf and Königswinter.
Entre Rhöndorf et Königswinter il y a également beaucoup de vignobles.

Seite/*page*/page 95
Rommersdorf ist ein Ortsteil von Bad Honnef
Rommersdorf is a suburb of Bad Honnef.
Rommersdorf est un quartier de Bad Honnef.

Seite/*page*/page 96–97
Blick auf Bad Honnef
View on Bad Honnef.
Vue sur Bad Honnef.

Seite/*page*/page 98
Das Rathaus von Bad Honnef und das „Hontes“, eine alte Gerichtsstätte
Bad Honnef City Hall and the "Hontes", ancient court of justice.
L'Hôtel de ville de Bad Honnef et le «Hontes», ancienne place de justice.

Seite/*page*/page 99
Die Pfarrkirche St. Johann Baptist
Parish church St. John the Baptist.
L'Eglise paroissiale St. Johann Baptist.

Seite/*page*/page 100
Die Fußgängerzone von Bad Honnef
Pedestrian area in Bad Honnef.
La zone piétonne de Bad Honnef.

Seite/*page*/page 101
Das Gebiet Menzenberg-Hagerhof im Süden von Bad Honnef
The region of Menzenberg-Hagerhof south of Bad Honnef.
Le quartier Menzenberg-Hagerhof au sud de Bad Honnef.

Seite/*page*/page 102
Die Rheinarme und die Inseln vor Bad Honnef
The river sound of the Rhine and the islands before Bad Honnef.
Les bras du Rhin et les îles devant Bad Honnef.

Seite/*page*/page 103
Der Yachthafen im Altrheinarm von Bad Honnef
The boot marina in the old sound of the Rhine at Bad Honnef.
Le port aux yachts dans un ancien bras du Rhin à Bad Honnef.

Seite/*page*/page 62
Das Siebengebirgsmuseum und der Lord-Byron-Platz
Seven Mountains Museum and Place Lord Byron.
Le Musée des Sept Montagnes et la Place Lord Byron.

Seite/*page*/page 63–64
Das Rathaus in der Altstadt und die Pfarrkirche St. Remigius
City Hall in the old city and St. Remigius parish church.
L'Hôtel de ville dans la vieille ville et l'église paroissiale St. Remigius.

Seite/*page*/page 65
Das Winzerfest auf dem Marktplatz und das Weinlokal „Jesuiter Hof"
Vinegrowers' Feast on the market place and the local wine pub "Jesuiter Hof".
La fête des vignerons sur la place du marché et la taverne «Jesuiter Hof».

Seite/*page*/page 66
Der Sphäroid am Südhang des Petersberges
Spheroid on the south side of Petersberg Mountain.
Le sphéroide à la pente méridionale du Petersberg.

Seite/*page*/page 67
Unterirdischer Steinbruch zur Gewinnung von Trachyttuff/ Wanderweg „Hölle" durch den Tuffmantel
An underground quarry known for exploring tuff stone/Trail "Hölle" through tuff stone area.
Une carrière souterraine à l'exploitation de trachyte; le sentier de promenade «Hölle» traverse l'enveloppe de la carrière.

Seite/*page*/page 68
Fahrt mit der Pferdedroschke/Die Hirschburg am Hirschberg
Horse-drawn cab ride/Hirschberg Castle on the Hirschberg Mountain.
Promenade au fiacre/Le château fort Hirschburg au Hirschberg.

Seite/*page*/page 69–70
Burghof und Schloß „Drachenburg"
Burghof restaurant and "Drachenburg" Castle.
La maison Burghof et le château «Drachenburg».

Seite/*page*/page 71–72
Um auf den Drachenfels zu gelangen, kann man Esel mieten oder die älteste Zahnradbahn Deutschlands benutzen; am Weg dorthin liegt die „Nibelungenhalle"
To reach the Drachenfels, one can hire a donkey or use the oldest rack-railway in Germany; on the way up you will find the most remarkable monument "Nibelungenhalle".
On peut accéder le Drachenfels à dos d'âne ou par le train à crémaillère, le plus vieux chemin de fer à crémaillère de l'Allemagne; sur le chemin se trouve le remarquable monument «Nibelungenhalle».

Seite/*page*/page 73
Die Ruine Drachenfels ist das bekannte Wahrzeichen des Siebengebirges
The Drachenfels ruins are a landmark of the Seven Mountains region.
La ruine du château Drachenfels est le monument renommé des Sept Montagnes.

Seite/*page*/page 74
Hochbetrieb auf dem Burgplateau
Bustle on the castle plateau.
Mouvement des visiteurs sur le plateau du château fort.

Seite/*page*/page 75–77
Ausblicke vom Drachenfels am Tag und abends
Views from Drachenfels, day and evening.
Vues du Drachenfels, le jour et le soir.

Seite/*page*/page 78
Alter römischer Steinbruch am Fuß des Drachenfels'
Ancient roman quarry at the foot of Drachenfels.
Ancienne carrière romaine au pied du Drachenfels.

Seite/*page*/page 79–83
Viele Berge des Siebengebirges haben unter Steingewinnung gelitten. Dem „Verschönerungsverein für das Siebengebirge" ist der Erhalt dieser einzigartigen Landschaft zu verdanken. Denkmale erinnern an verdienstvolle Männer des Vereins
Many of the mountains in the Seven Mountains region have suffered during the exploitation of the rocks. We have a unique landscape thanks to "Verschönerungsverein für das Siebengebirge". Memorial monuments remind us of the meritorious people of this association.
Beaucoup de collines des Sept Montagnes ont souffert de l'exploitation de pierres. Nous devons le maintien de cet unique paysage à l'association «Verschönerungsverein für das Siebengebirge». Des monuments maintiennent la mémoire aux personnages de mérite de cette association.

Seite/*page*/page 84–86
Die Löwenburg (455 m) ist der zweithöchste Berg im Siebengebirge
The Löwenburg (455 m) is the second highest mountain in the Seven Mountains region.
Le Löwenburg (455 m) est la seconde élévation des Sept Montagnes.

Seite/*page*/page 87
Am östlichen Rand des Naturparks liegt der Ort Aegidienberg
The village of Aegidienberg is located on the rim of the east side of the Natural Preserve.
Le village d'Aegidienberg est situé au bord de l'est du Parc Naturel.

Seite/*page*/page 88–89
Aus der Zeit der Pest stammt die Prozession zur Servatiuskapelle
The procession to St. Servatius Chapel stems from the pest epidemic.
La procession à la chapelle St. Servatius tire son origine du temps de la peste.

Les ruines de l'abbaye cistercienne de Heisterbach et monument en mémoire de Caesarius, le plus célebre moine de cette abbaye.

Seite/*page*/page 38
Das Naturdenkmal Weilberg mit geologischem Aufschluß
The natural monument of Weilberg with its geological exposure.
La site protégée du Weilberg avec sa fouille géologique.

Seite/*page*/page 39
Der wild-romantische „Stenzelberg"
The wild romantic "Stenzelberg".
Le sauvage et pittoresque «Stenzelberg».

Seite/*page*/page 40–41
Heisterbacherrott am Rande des Naturparks
Heisterbacherrott on the rim of the Natural Preserve.
Heisterbacherrott au bord du Parc Naturel.

Seite/*page*/page 42–43
Die „Kasseler Heide" zwischen Heisterbacherrott und Stieldorf; St. Margareta Stieldorf
The "Kasseler Heath" located between Heisterbacherrott and Stieldorf; St. Margareta church in Stieldorf.
La «Lande de Kassel» entre Heisterbacherrott et Stieldorf; l'église St. Margareta à Stieldorf.

Seite/*page*/page 44–45
Der Ort Thomasberg und der Limperichsberg
The village of Thomasberg and the Limperichsberg.
Le village de Thomasberg et le Limperichsberg.

Seite/*page*/page 46–47
Die Bundesautobahn im Bereich des Siebengebirges
Highway in the Seven Mountains region.
L'autoroute dans la région des Sept Montagnes.

Seite/*page*/page 48–49
Oberpleis und das alte Kloster der Benediktiner
Oberpleis and the ancient benedictine convent.
Oberpleis et l'ancien couvent des bénédictins.

Seite/*page*/page 50
Helden-Gedenkstätte an der Kirche St. Pankratius in Oberpleis und „Buchholz"-Gedenkkapelle in Oberpleis-Eisbach
The Heroes-Monument at the Oberpleis St. Pankratius Church, and memorial chapel "Buchholz" in Oberpleis-Eisbach.
Le monument en mémoire des héros tombés à l'église St. Pankratius d'Oberpleis et la chapelle commémorative «Buchholz» à Oberpleis-Eisbach.

Seite/*page*/page 51
Das romantische Fachwerkhaus „Neuglück" in Bennerscheidt
The romantic timber-framed house "Neuglück" in Bennerscheidt.
La pittoresque maison à colombages «Neuglück» à Bennerscheidt.

Seite/*page*/page 52
Ittenbach und der Soldatenfriedhof
Ittenbach and the military cemetry.
Ittenbach et le cimetière militaire.

Seite/*page*/page 53
Der Ölberg, mit 460 m höchste Erhebung des Siebengebirges
The Ölberg with 460 m, the highest mountain in the Seven Mountains.
Le Ölberg, avec ses 460 m la plus haute élévation des Sept Montagnes.

Seite/*page*/page 54
Burg Rosenau und „Einkehrhaus" liegen am Weg von der Margarethenhöhe zum Petersberg
Castle Rosenau and "Einkehrhaus" restaurant located on the road between Margarethenhöhe and Petersberg.
Le château fort Rosenau et le restaurant «Einkehrhaus» se trouvent sur le chemin de la Margarethenhöhe au Petersberg.

Seite/*page*/page 55
Hotel auf dem Petersberg
Hotel on the top of Petersberg Mountain.
L'hôtel en haut du Petersberg.

Seite/*page*/page 56
Wallfahrtswege mit Kreuzen führen zu der Kapelle auf dem Petersberg
Pilgrimage path with crosses leading to the chapel on the top of Petersberg Mountain.
Des chemins de pèlerinage montent à la chapelle en haut du Petersberg.

Seite/*page*/page 57
Grundmauern einer Klosterkirche aus dem 12. Jahrhundert
Foundation walls of a convent church built in the 12th century.
Les murs de fondation d'une église couventuelle du XIIe siècle.

Seite/*page*/page 58–59
Königswinter am Rhein ist der bekannteste Ort des Siebengebirges
Königswinter on the Rhine is the most famous town in the Seven Mountains region.
Königswinter sur le Rhin est l'endroit le plus connu dans les Sept Montagnes.

Seite/*page*/page 60
Panorama von Königswinter
Panorama of Königswinter.
La Panorama de Königswinter.

Seite/*page*/page 61
Die Rheinpromenade von Königswinter
Promenade on the Rhine in Königswinter.
La promenade sur le bord du Rhin à Königswinter.

SIEBENGEBIRGE

Naturpark – Orte – Sehenswertes

Natural Preserve – Towns and Villages – Attractions

Le Parc Naturel – les villes et villages – centres d'attraction

Seite/*page*/page 17
„Kommende" Ramersdorf im Stil der Neugotik
"Kommende" in Ramersdorf in neo-Gothic style.
La «Kommende» à Ramersdorf en style néo-gothique.

Seite/*page*/page 18
Schloß Birlinghoven im Stil eines englischen Landsitzes/Alte Mühle in Holzlar
Birlinghoven Castle in style of an english country manor/Old mill in Holzlar.
Le Château de Birlinghoven en style d'une propriété de campagne anglaise/Vieux moulin à Holzlar.

Seite/*page*/page 19
Blick vom Rothberg nach Schloß Birlinghoven
View from Rothberg towards Birlinghoven Castle.
Vue du Rothberg vers le château de Birlinghoven.

Seite/*page*/page 20
„Dornheckensee" im Norden des Naturparks/Grundmauern des Steiner Häuschens
"Dornheckensee" Lake in the northern part of the natural preserve/ Foundations of the "Steiner Häuschen".
Le lac «Dornheckensee» au nord du Parc Naturel/Foundations du «Steiner Häuschen».

Seite/*page*/page 21
Steinbrüche in Oberkassel mit Fundort des „Oberkasseler Menschen" (16000 v. Chr.)
Quarry in Oberkassel with place of discovery prehistoric "Man of Oberkassel" (16000 b. c.).
Les carrières à Oberkassel avec le lieu de la découverte du préhistorique «Homme d'Oberkassel» (16000 avant J.-Chr.).

Seite/*page*/page 22–23
Blick auf Oberkassel
View overlooking Oberkassel.
Vue sur Oberkassel.

Seite/*page*/page 24
Lippisches Haus und Kinkel-Denkmal in Oberkassel
Von Lippe family residence and Kinkel memorial monument in Oberkassel.
Résidence de la famille von Lippe et monument en mémoire de G. Kinkel à Oberkassel.

Seite/*page*/page 25
Alte Kapelle von 1683 in Oberkassel
Old chapel dated 1683 in Oberkassel.
La vieille chapelle de 1683 à Oberkassel.

Seite/*page*/page 26
Pfarrkirche St. Michael und Weinlokal „Bredershof" in Niederdollendorf
Parish church St. Michael and wine pub "Bredershof" in Niederdollendorf.
L'église paroissiale St. Michael et la taverne «Bredershof» à Niederdollendorf.

Seite/*page*/page 27
Niederdollendorf am Rhein, Fachwerkhäuser in der Godesberger Straße
Niederdollendorf on the Rhine, timber-framed houses on Godesberg Street.
Niederdollendorf sur le Rhin, maisons à colombages dans la Rue de Godesberg.

Seite/*page*/page 28
Der herrliche Uferbereich in Niederdollendorf
The beautiful river embankment in Niederdollendorf.
Une magnifique partie du Rhin à Niederdollendorf.

Seite/*page*/page 29
St. Laurentius und der „Turmhalfenhof" in Oberdollendorf
St. Laurentius Church and the "Turmhalfenhof" in Oberdollendorf.
L'église St. Laurentius et la maison «Turmhalfenhof» à Oberdollendorf.

Seite/*page*/page 30–31
Weinberge und Weingaststätten in Oberdollendorf
Vineyards and wine pubs in Oberdollendorf.
Vignobles et tavernes à Oberdollendorf.

Seite/*page*/page 32
Mühlenhof der Großen Heisterbacher Mühle
The yard of the Great Heisterbacher's Mill.
La cour intérieure du Grand Moulin de Heisterbach.

Seite/*page*/page 33–37
Reste der Zisterzienser-Abtei Heisterbach und Denkmal des Caesarius, des berühmtesten Mönchs dieser Abtei
Ruins of the Cistercian Abbey and memorial monument of Caesarius, the most famous monk of the abbey.

Grußwort des Verschönerungs-Vereins für das Siebengebirge

Wir nähern uns dem Ende des 20. Jahrhunderts, sehen mit Spannung und Zuversicht, angesichts mancher Krisen und Unwägbarkeiten aber auch mit Skepsis, auf das Jahr 2000, das für uns das dritte nachchristliche Jahrtausend eröffnen wird. Mit Blick auf diese Daten nimmt sich die Geschichte des 1869 gegründeten Verschönerungs-Vereins für das Siebengebirge unbedeutend aus. In menschlichen Maßstäben und Zeiträumen gerechnet, ist es jedoch eine bemerkenswert lange Zeitspanne kontinuierlicher Arbeit.

Der VVS ist aktiv geworden, als das Siebengebirge als Naturraum im 19. Jahrhundert zum erstenmal in seiner langen Erdgeschichte ernsthaft durch menschliches Tun gefährdet war. Das Wirken des Vereins hat die Rechtsinstitution des Naturschutzgebietes begründet, die im Umweltschutzrecht Deutschlands und vieler Länder zu einer Selbstverständlichkeit geworden ist. Der VVS hat das Siebengebirge durch turbulente krisen- und wechselhafte Zeiten hin bewahrt und präsentiert es denen, die heute geboren werden und deren Lebensschwerpunkt jenseits des Jahres 2000 liegen wird, als im wesentlichen intakte Natur- und Erholungslandschaft. Durch das industrielle Zeitalter von Kohle und Stahl und inmitten eines immer dichter erschlossenen, besiedelten und genutzten Raumes ist es dem Verschönerungs-Verein gelungen, das Siebengebirge als ein „Gesamtkunstwerk" der Schöpfung zu erhalten.

Mit Freude haben wir die Anregung des Heimatvereins Siebengebirge aufgenommen, zum 125. VVS-Jubiläum einen umfassenden Bildband vom Naturpark Siebengebirge zu präsentieren. Für dieses Geburtstagsgeschenk ist der VVS dem Heimatverein und den Autoren Frieder Berres, Christian Kieß und Winfried Biesing zu besonderem Dank verpflichtet.

Bonn, im September 1994

(Dr. Richard Faßbender)
Vorsitzender des VVS

Grußwort der Stadt Königswinter

Mit der Herausgabe des vorliegenden Buntbildbandes ist dem Heimatverein Siebengebirge e. V. als Initiator ein großer Wurf gelungen. Erstmalig wurde ein ‚Bilderbuch' gestaltet, das auf 104 Seiten mit 141 farbigen Abbildungen den gesamten Bereich des Naturparks Siebengebirge umfaßt, die Orte und das Leben am Rhein mit einbezieht und vom Ennert im Norden bis über die Grenze zu Rheinland-Pfalz im Süden die Schönheiten unserer einmaligen Landschaft eindrucksvoll wiedergibt. Zu dieser ansprechenden Edition unseren herzlichen Glückwunsch!

Der Heimatverein Siebengebirge e. V., am 12. Januar 1926 gegründet und damit ältester Geschichtsverein der Stadt Königswinter, blieb mit dieser Ausgabe einmal mehr seiner 1951 erweiterten Satzung treu, sich nicht nur mit den Geschehnissen der engeren Heimat zu befassen, sondern den ganzen Siebengebirgsraum in Forschung, historische Aufarbeitung und Darstellung einzubeziehen. Diese Forschungsarbeiten reichen in die Jahrhunderte, liegen uns schriftlich vor und lassen in vielfältiger Weise die bewegte Geschichte unseres Heimatbodens lebendig werden.

So verdanken wir den heutigen historischen Erkenntnisstand in hohem Maße den zahlreichen engagierten Mitgliedern und Autoren des Heimatvereins Siebengebirge. Sie vertieften sich in Geschichte und Geologie, befaßten sich mit Flora und Fauna unserer Wälder, mit den Sitten und Gebräuchen unserer Vorfahren, ihren Lebens- und Arbeitsweisen, mit Kunst und Baukunst. Es gibt kaum ein Thema aus der Vergangenheit bis zur Gegenwart, über das nicht wissenschaftlich fundierte Veröffentlichungen in Zeitungen, Broschüren und Büchern aus der Feder unserer Heimatforscher vorliegen.

Sie vermittelten uns die Existenzgrundlagen früherer Generationen, etwa im Weinbau und Backofenbau, die mühevolle Arbeit in den Steinbrüchen des vulkanischen Gebirges, die Entwicklung des Schiffahrtswesens, die beginnende Industrialisierung mit ihren Folgeerscheinungen und vieles mehr. Und sie gaben uns die Anregung, aus der Geschichte zu lernen, Überliefertes zu bewahren und Traditionen weiterzupflegen.

Seit seiner Gründung sammelte der Heimatverein museal erhaltenswerte Gegenstände, Belege, Bücher, Bildmaterial und Dokumente, wie sie heute zum größten Teil in den Fachabteilungen des Siebengebirgsmuseums der Öffentlichkeit zugänglich sind. Nach wie vor ist der Verein verantwortlich an der Museumsarbeit beteiligt. All dies sollte in den Dankesworten an den Herausgeber dieses schönen Bildbandes nicht unerwähnt bleiben.

Unser Dank gilt der Professor-Rhein-Stiftung, die das Erscheinen dieses Werkes finanziell unterstützte. Textgestalter und Fotografen haben sich in ihm ein bleibendes Denkmal gesetzt. Nicht zuletzt sollte der Bildband „Siebengebirge“ eine ebenso farbenfrohe wie einprägsame Werbung erfüllen für eine Landschaft, die die einen ‚Rheinische Alpen‘ nennen, und die der Dichter Ferdinand Freiligrath als „Paradies auf Erden“ pries.

(Herbert Krämer)
Bürgermeister

(Franz-Josef Schmitz)
Stadtdirektor

Grußwort des Rhein-Sieg-Kreises

Schon zu Beginn des vorigen Jahrhunderts war Lord Byron, ein englischer Dichter, der unsere Heimat auf seinen Reisen kennengelernt hatte, von der „tausendfachen Vielfalt der Bilder“ des Siebengebirges und des Rheintales beeindruckt. Er lobte die „beglückende Durchdringung von Mensch und Landschaft“. Trotz mancher Veränderungen, die im Laufe der Zeit nicht ausbleiben konnten, hat die alte Kulturlandschaft ihren unverwechselbaren, heiteren Charakter bewahrt. Mensch, Natur und Landschaft beeinflussen sich gegenseitig, ihr reizvolles Wechselspiel macht das Besondere aus.

Seit vielen Jahren zieht diese Landschaft Menschen in ihren Bann. Das Siebengebirge, Inbegriff der Rheinromantik, ist ein faszinierendes Kleinod, sowohl aus der Sicht der Besucher, die von der Schönheit der Landschaft angezogen werden, als auch für diejenigen, die Reichtum und Vielfalt von Flora und Fauna zu schätzen wissen.

Daß wir uns auch heute noch am Siebengebirge erfreuen können — eine Freude, die auch dieser Bildband vermitteln will — verdanken wir der klugen Weitsicht verantwortungsbewußter Männer und Frauen im vergangenen Jahrhundert. Sie erkannten die Gefahren für das Siebengebirge durch den unkontrollierten Abbau des als Baustoff begehrten Gesteins, der unweigerlich zu einer Zerstörung geführt hätte. Diese frühe Bürgerinitiative erreichte, daß zunächst Teile des Siebengebirges unter Naturschutz gestellt wurden — ein bahnbrechender Erfolg.

Heute umfaßt das Naturschutzgebiet Siebengebirge rund 48 km^2, von denen etwa 40 im Rhein-Sieg-Kreis liegen. Naturschutz im Siebengebirge ist eine schöne, lohnende, aber gewiß auch schwierige Aufgabe, die sich allen stellt, denen das Siebengebirge am Herzen liegt; der Rhein-Sieg-Kreis als die für den Natur- und Landschaftsschutz in erster Linie verantwortliche Körperschaft sieht sich hier in einer besonderen Pflicht. Es gilt, wie die Naturschutzverordnung sich ausdrückt, „Lebensgemeinschaften und Lebensstätten von Tieren und Pflanzen — insbesondere der seltenen und stark gefährdeten Arten — zu erhalten und zu fördern, wobei dem Siebengebirge die Funktion eines überregional bedeutsamen Regenerations- und Ausbreitungszentrums zukommt“. Zugleich geht es aber auch darum, das Siebengebirge offen zu halten für erholungssuchende Menschen und als besonderen Anziehungspunkt des Fremdenverkehrs zu bewahren. Hier stellt sich immer wieder die Aufgabe, Wege zu finden, die beiden Belangen gerecht werden. Daß dies in der Vergangenheit im großen und ganzen gelungen ist, erfüllt uns mit Freude und läßt uns zuversichtlich nach vorne blicken.

Den Reiz und die Schönheit des Siebengebirges in das rechte Bild zu rücken, zugleich auch Verständnis für Belange des Naturschutzes zu wecken, ist Anliegen des Bildbandes. Wir freuen uns, daß hier erstmals eine Bilddokumentation vorliegt, die dem Siebengebirge als ganzem gerecht werden will. Herausgebern und Verlag, Autoren und Fotografen gilt unser Dank.

(Dr. Franz Möller, MdB)
Landrat

(Dr. Walter Kiwit)
Oberkreisdirektor

Geschichte des Naturparks Siebengebirge

Das rechtsrheinisch zwischen der Flughafenstraße A 59, der südlich anschließenden B 42 und der Autobahn Köln–Frankfurt im Bereich der Bundesstadt Bonn und der Städte Königswinter und Bad Honnef gelegene Siebengebirge besteht aus mehr als 40 Bergen und Anhöhen. Obwohl nur drei von ihnen höher als 400 m ü. NN sind, bezeichnete man das Siebengebirge im Zeitalter der Romantik als die Rheinischen oder Bonner Alpen. Bezeichnend für das damalige Naturverständnis ist ein Bericht eines Zeitgenossen aus dem Jahre 1793, in dem u. a. ausgeführt wird: „Mit stummer Verwunderung sah ich zum Siebengebirge, und es schien mir, als habe hier die Natur ihre starke Hand ausgestreckt, um ihre Kräfte zu zeigen. Die große Bergkette, die von Bingen bis hierhin durchläuft, steigert sich mit einem Male zu noch höheren, aufgestauten riesigen Bergen, die wie gehaltene Wasserfluten hier aufeinander stoßen" (Echo tönt von sieben Bergen, 1970, Seite 27).

Tatsächlich verdankt das Siebengebirge seine Entstehung gewaltigen Naturkräften. Aus Ablagerungen des riesigen, aber flachen Devonmeeres (vor etwa 400–350 Millionen Jahren) bildete sich das Grundgestein des Siebengebirges, Grauwacke, Tonschiefer und Sandstein. Vor etwa 350–280 Millionen Jahren wurde das Gestein durch Druck aufgefaltet und zusammengepreßt. Es entstand das Variskische Gebirge, das sich von der Bretagne bis nach Polen hinzog. Teil dieses Gebirges war das spätere Rheinische Schiefergebirge, das sich damals über den Siebengebirgsraum hinaus bis zum rechtsrheinischen Bergischen Land und bis zur Eifel erstreckte. Wasser und Wind trugen das Variskische Gebirge zu einem Rumpfgebirge mit welliger Oberfläche ab, das sich vor etwa 67–58 Millionen Jahren anhob. Im Zuge dieses langandauernden Geschehens brach die Kölner- bzw. Niederrheinische Bucht ein. Vor etwa 37 Millionen Jahren drang das Nordmeer in diese Bucht bis zum heutigen Siebengebirgsraum vor; etwa 12 Millionen Jahre später zog sich das Meer wieder nach Norden zurück. Danach kam es zu vulkanischer Tätigkeit im Raum zwischen Sieg und Wied sowie im Raum zwischen Bonn und dem Brohltal. Im heutigen Siebengebirgsraum wurden unter Durchbrechung des Devongesteins große trachytische Aschenmengen ausgestoßen, die sich mehrere hundert Meter hoch ablagerten. Bei weiteren Eruptionen wurde glutflüssiger Trachyt ausgestoßen, der im Aschengebirge zu festem Gestein erstarrte. Es folgten Ausbrüche latitischer Asche und von glutflüssigem Latit. Dieses vulkanische Geschehen, das sich in einem Zeitraum von etwa 7 Millionen Jahren ereignete, schloß mit Eruptionen von Basaltasche und glutflüssigem Basalt ab, der ebenso wie das trachytische und latitische Magma im Aschengebirge erstarrte. Die Asche verfestigte sich schließlich zu Tuff.

In der Folgezeit trugen Wind und Wasser nicht resistente Teile des vulkanischen Gesteins und des Tuffmantels ab. Zurück blieb das im wesentlichen von Trachyttuff umgebene feste vulkanische Gestein. So entwickelte sich im Lauf von vielen Millionen Jahren die Vulkanruinenlandschaft des Siebengebirges.

Vor etwa 450 000 Jahren begann der Rhein, der bis dahin ohne ein

Flußbett über die Hügellandschaft geflossen war, das sich langsam hebende Rheinische Schiefergebirge in nördlicher Richtung zu durchbrechen. Den sich dabei abspielenden unerbittlichen Kampf zwischen dem Wasser des Rheins und seiner Nebenflüsse und dem Gestein des Rheinischen Schiefergebirges verdeutlichen die zahlreichen Krümmungen des Rheinverlaufs zwischen Bingen und Bonn.

Zu Beginn des 1. nachchristlichen Jahrhunderts eröffneten die Römer Steinbrüche im West- und Südwesthang des Drachenfels sowie im Nordwesthang des Berges am Rüdenet und am Großvaterstuhl. Das hier gewonnene Trachytgestein wurde mit Schiffen abtransportiert. Zu einer Wiedereröffnung der Steinbrüche kam es zu Beginn des 11. Jahrhunderts im Westhang des Drachenfels. Hier wurde im sogenannten Gemeinen Bruch bis zum Ende des 17. Jahrhunderts das tragende Gestein für den Bau zahlreicher rheinischer Kirchen gewonnen. Die Grundsteinlegung des Kölner Doms erfolgte 1248. Das zu seinem Bau erforderliche Gestein wurde im Südwesthang des Drachenfels im sogenannten Domsteinbruch bis etwa 1560 gewonnen. Einen weiteren Steinbruch betrieb die Zisterzienserabtei Heisterbach seit dem Ende des 12. Jahrhunderts am Stenzelberg, aus dessen Latitgestein die Klostergebäude und von 1202–1237 die Abteikirche errichtet wurden, von der nur noch die Chorruine erhalten ist. Seit dem Ende des 16. Jahrhunderts brachen Steinbrecher die zur Ruine verfallene Wolkenburg ab und richteten danach Steinbrüche auf der Latitkuppe des Berges ein. Später wurden vom Rhöndorfer Tal Steinbrüche zur Wolkenburg hochgetrieben. Nach 1634 nutzten Steinbrecher die kurz vorher geschleifte Burg Drachenfels als Steinbruch und brachten bei weiteren Steinbrucharbeiten große Teile der Burgruine zum Einsturz.

Nach dem Zusammenbruch der napoleonischen Herrschaft über Europa wurde das Rheinland am 4. 5. 1814 in das Königreich Preußen eingegliedert. Lord Byron verfaßte im Mai 1816 das Gedicht „The castled crag of Drachenfels“, das den Drachenfels und damit auch das Siebengebirge weltbekannt machte. Insbesondere internationale Besucher strömten seitdem in das Siebengebirge, um dessen Schönheit kennenzulernen und zu genießen. Die Zahl der Besucher wuchs stetig, nachdem am 1. 5. 1827 der reguläre Dampfschiffverkehr auf dem Rhein aufgenommen und am 13. 2. 1844 die Eisenbahnlinie Köln–Bonn eröffnet worden war. In der Folgezeit trug die Verbesserung der Verkehrsverhältnisse zu einer weiteren Steigerung des Fremdenverkehrs bei.

Eine wesentliche Beeinträchtigung des Landschaftsbildes des Drachenfels kündigte sich an, als die Königswinterer Steinhauergewerkschaft, die den Bergkegel 1827 erworben hatte, im oberen Berghang Steinbrüche eröffnete. Die Öffentlichkeit war empört. Nachdem bei Steinbrucharbeiten ein Mauerstück der Burgruine zu Tal gestürzt war, ordnete die königliche Regierung in Köln am 4. 5. 1828 die einstweilige Einstellung der Steinbrucharbeiten an. Hiergegen setzte sich die Gewerkschaft vehement, aber ergebnislos zur Wehr. Schließlich erwarb der preußische Fiskus am 28. 4. 1836 für 10 000 Taler den Bergkegel des Drachenfels, der damit vor einer weiteren Zerstörung gerettet wurde.

Der mit dem Anschluß des Rheinlandes an Preußen einsetzende Wirtschaftsaufschwung und die mit ihm einhergehende Industrialisierung führten zu reger Bautätigkeit auf militärischem und zivilem Sektor. Damit verbunden waren die Anlage fester Straßen und der Bau von Uferbefestigungen. Für diese Arbeiten wurden riesige Mengen von Natursteinen benötigt. So nimmt es nicht Wunder, daß nicht nur die Steinbruchtätigkeit an der Wolkenburg und am Stenzelberg fortgesetzt wurde, sondern daß nach und nach zahlreiche Steinbrüche an den rheinseitigen Berghängen zwischen dem Ennert und der Dollendorfer Hardt sowie im Innern des Siebengebirges in Betrieb genommen wurden.

Als diese Entwicklung noch nicht abgeschlossen war, gründeten Naturfreunde am 4. 12. 1869 in Bonn den VVS, den Verschönerungs-Verein für das Siebengebirge. In dessen Satzung hieß es: „Der Verein bezweckt die Herstellung und Unterhaltung von Fahr-, Reit- und Fußwegen im Siebengebirge sowie solcher Anlagen, welche zur Bequemlichkeit und Annehmlichkeit der Besucher des Siebengebirges beitragen können. Der Verein fördert diesen Zweck nach Maßgabe der zu Gebote stehenden Mittel und Kräfte.“ Seit 1870 legte der VVS im Siebengebirge zahlreiche Fußwege und Wegweiser an. Außerdem baute er ab 1871 Fahrstraßen, und zwar u. a. von der Landstraße Königswinter – Ittenbach eine Fahrstraße zum Drachenfels, eine Fahrstraße vom Margarethenhof zum Löwenburger Hof, eine Fahrstraße vom Margarethenhof zur Landstraße Dollendorf – Oberpleis und eine Fahrstraße von der Drachenfelser Straße zum Margarethenhof.

Am Nord- und Osthang des Petersberges und am Osthang des Ölberges wurden Basaltsteinbrüche betrieben. Als diese sich auf die Rheinseite der Berge ausdehnten, wandte sich der Bonner Rechtsanwalt Humbroich am 15. 9. 1884 an den deutschen Kronprinzen und bat diesen eindringlichst, das Siebengebirge vor weiterer Zerstörung durch Steinbrüche zu schützen. Die daraufhin durchgeführten Ermittlungen ergaben, daß es weder Möglichkeiten noch Geldmittel gab, die Einstellung der von Privatleuten betriebenen Steinbrüche durchzusetzen. Die Provinzialregierung in Düsseldorf scheute sich nicht, am 6. 4. 1886 den rheinseitigen Steinbruch am Petersberg zu erwerben und weiter zu betreiben. Dies führte auf Initiative Humbroichs am 1. 5. 1886 in Bonn zur Gründung des Vereins zur Rettung des Siebengebirges. Der Verein verabschiedete im Mai 1886 eine Resolution, die von zahlreichen Persönlichkeiten des Rheinlandes unterzeichnet wurde. Dank der intensiven Bemühungen des Vereins und der Einschaltung der Öffentlichkeit sah sich die Provinzialregierung schließlich genötigt, im September 1889 den von ihr am Petersberg betriebenen Steinbruch einzustellen. In der Folgezeit bemühten sich der Verein zur Rettung des Siebengebirges und der VVS um eine Einstellung der Steinbrüche im Siebengebirge.

Am 18. 1. 1899 wurde dem VVS, in dem der Verein zur Rettung des Siebengebirges inzwischen aufgegangen war, durch Kaiser Wilhelm II. unter der Bedingung einer Satzungsergänzung die Veranstaltung einer Geldlotterie gestattet. Außerdem wurde dem VVS das Recht verliehen, das zur Erhaltung des Siebengebirges erforderliche Grundeigentum notfalls im Wege der Enteignung zu erwerben. Der VVS ergänzte am 13. 4. 1899 seine Satzung dahin, daß er auch die dauernde Erhaltung und den Schutz des Siebengebirges gegen Zerstörung und Schädigung bezwecke. Damit waren die Voraussetzungen für die Veranstaltung der Geldlotterie gegeben. Eine weitere Geldlotterie wurde dem VVS am 7. 2. 1906 bewilligt. Mit den hieraus erlangten Geldern und mit Hilfe von Zuschüssen der Provinzialverwaltung, der Stadt Köln und der Stadt Bonn erwarb der VVS zunächst die Steinbrüche am Ölberg und nach und nach weitere Steinbrüche, so u. a. am Lohrberg, am Wasserfall, am Kühlsbrunnen, am Nonnenstromberg, am Petersberg, an der Dollendorfer Hardt und an der Südseite der Wolkenburg. In den daraufhin stillgelegten Steinbrüchen und an deren Schutthalden wurden umfangreiche Rekultivierungsarbeiten durchgeführt. Außerdem erwarb der VVS zahlreiche gefährdete Waldparzellen, so u. a. an den Bergkuppen zwischen dem großen Breiberg und der Honnef-Asbacher Straße, am Himmerich, am Mittelberg und am Leyberg.

Der Begriff des Naturschutzes wurde erstmals gesetzlich in einer am 8. 7. 1920 erfolgten Änderung des Feld- und Forstpolizeigesetzes vom 1. 4. 1880 fixiert. Aufgrund dieser Gesetzesänderung erklärten die preußischen Minister für Wissenschaft, Kunst und Volksbildung sowie für Landwirtschaft, Domänen und Forsten in einer Verordnung vom 7. 6. 1922 das Siebengebirge zum Naturschutzgebiet. Gestützt auf diese Verordnung, die am 20. 1. 1923 in Kraft trat, erließ der Regierungspräsident in Köln am 2. 2. 1923 eine Polizeiverordnung über den Natur- und Heimatschutz im Naturschutzgebiet Siebengebirge. In ihr wurde der Kahlschlag von Wäldern verboten. Außerdem wurden zahlreiche Pflanzen- und Tierarten unter Schutz gestellt. Am 30. 7. 1930 wurde eine neue ministerielle Naturschutzverordnung erlassen, die u. a. jetzt auch jede auf Gewinnung von Bodenschätzen gerichtete Tätigkeit und andere Veränderungen der Bodengestalt untersagte.

Am 26. 7. 1935 wurde das Reichsnaturschutzgesetz erlassen. Dies führte zur Eintragung des Naturschutzgebietes Siebengebirge in das Reichsnaturschutzbuch für die höhere Naturschutzbehörde in Köln, die dem Regierungspräsidenten unterstand. Er erließ am 1. 9. 1944 eine neue Naturschutzverordnung. Das Naturschutzgebiet Siebengebirge wurde 1959 zum ersten nordrhein-westfälischen Naturpark erklärt, dessen Träger der VVS seit 1986 ist. Wegen seiner landschaftlichen Schönheit, seiner geologischen Einmaligkeit und seiner europäischen Bedeutung wurde der Naturpark 1971 durch den Ministerrat des Europa-Rates mit dem Europäischen Diplom ausgezeichnet, das seitdem fortlaufend alle fünf Jahre erneuert worden ist.

Große Teile der 4800 ha umfassenden Wald- und Grünfläche des Naturparks stehen im Eigentum des nordrhein-westfälischen Forstfiskus und der Stadt Bad Honnef. Der VVS ist Eigentümer von 850 ha Wald- und Grünland. Weitere Teile des Naturschutzgebietes stehen im Eigentum der Stadt Bonn (am Ennert), der Bundesrepublik (am Petersberg), der Mannesmann AG (am Hirschberg), der Erbengemeinschaft Mülhens und anderer privater Waldbesitzer. Die Landesanstalt für Ökologie, Bodenordnung und Forsten stellt alle 10 Jahre eine Inventur für alle Bereiche des Naturschutzgebietes auf. Auf dieser Basis werden bei fachgerechter Beratung durch das staatliche Forstamt Siegburg jährliche Waldwirtschaftspläne erstellt. Sie dienen der Schaffung eines naturnahen ökologisch stabilen Waldes mit spezieller Ausrichtung auf die Erhaltung der landschaftlichen Besonderheiten des Naturparks.

Etwa 200 km Wanderwege erschließen das Siebengebirge, das weitgehend für Kraftfahrzeuge gesperrt ist. Zahlreiche Rastplätze und Schutzhütten stehen dem Wanderer zur Verfügung. Parkplätze an geeigneten Stellen ermöglichen eine die Naturlandschaft nicht beeinträchtigende Abstellung von Kraftfahrzeugen.

Die Erhaltung der Naturlandschaft des Siebengebirges regelt z. Z. eine Naturschutzverordnung des Regierungspräsidenten in Köln vom 12. 10. 1989.

Winfried Biesing
Vorsitzer des 1926 gegründeten Heimatvereins
Siebengebirge e.V. Königswinter

Am Westhang des Ennerts liegt die **Deutschordenskommende Ramersdorf**, seit Bau der Bonner Südbrücke eingekreist von den Zu- und Abfahrten dieser Verkehrstrasse. Dieser Kompromiß mußte eingegangen werden, um ein Kulturdenkmal mit nicht unbedeutender Vergangenheit, das unmittelbar an den Naturpark Siebengebirge grenzt, überhaupt zu erhalten.

Der im Zeitalter der Kreuzzüge entstandene Deutsche Orden war ursprünglich Hospitalbruderschaft und wurde 1199 Ritterorden. Seine Bedeutung belegen eindrucksvoll 300 Kommenden, die im 13. Jahrhundert europaweit gegründet wurden. Sie waren Ausbildungsstätten für junge Ritterbrüder, mit ihrem Grundbesitz aber gleichzeitig wirtschaftliche Basis für die Aufgabenerfüllung des Ordens. Mit dem Ende der Kreuzzüge und der Ostchristianisierung entfielen wesentliche Ordensaufgaben, wodurch die Ritterorden an Bedeutung verloren.

Die Kommende in Ramersdorf ist um 1230 gegründet worden, der Stifter war Graf Heinrich III. von Sayn. Sie bestand als Haus des Deutschen Ordens bis zur Säkularisation im Jahr 1803 und ging dann in Privatbesitz über, der häufig wechselte. Ein Brand im Herbst 1842 beschädigte die gesamte Anlage der Kommende so stark, daß ein fast völliger Neubau erfolgen mußte. Dem damaligen Zeitgeschmack entsprechend, der vom Historismus geprägt war, erfolgte der Wiederaufbau im Stil der Neugotik, deren Stilelemente auch bei den Erweiterungsbauten der Folgezeit verwendet wurden. Aus der Anfangszeit ist außer überbautem Mauerwerk nur die frühere Kapelle erhalten, die allerdings fünf Jahre nach dem vorerwähnten Brand auf den Alten Friedhof in Bonn disloziert wurde.

Schloß Birlinghoven (oben) ist ein kulturhistorisches Denkmal aus der Zeit der Jahrhundertwende und wurde nach Art eines englischen Landsitzes 1900–1902 errichtet. Der Erbauer war Theodor Damian Rautenstrauch, ein Bruder des Stifters des Rautenstrauch-Joest-Museums in Köln. Nach wechselvollen Besitzverhältnissen erwarb die Bundesrepublik 1967 die Liegenschaft, in der wenig später die Gesellschaft für Mathematik und Datenverarbeitung Bonn ihre Tätigkeit aufnahm.

Die **Holzlarer Mühle**, deren Räder heute still stehen, wurde von den Wassern des Mühlbachs angetrieben, dessen Bachbett in diesem Bereich den Verlauf der Naturparkgrenze markiert.

Blick vom Rothberg über Stieldorferhohn und die Kirche von Stieldorf auf Schloß Birlinghoven, das nordöstlich vom Naturpark mit Blick auf das Siebengebirge liegt.

Die Gewinnung von Basaltgestein hatte im Gebiet von Oberkassel große Bedeutung, von der die zahlreichen Reste aufgelassener Brüche heute noch künden. In einigen sind nach Einstellung der Steingewinnung Seen entstanden, von denen der **Dornheckensee** (links oben) mit Abstand der größte ist.

Unmittelbar vor dem Gebiet der ausgedehnten Steinbrüche von Oberkassel liegt das **Steiner Häuschen** (links unten), eine mittelalterliche Burganlage, deren Ursprung noch nicht geklärt ist. Die Grundmauern wurden beim Bau der EB 42n freigelegt und 1985 im Bestand gesichert. Vermutlich handelt es sich bei den Fundamenten um Ruinen des Wohnturms. Das Gebiet, auf dem die Burg lag, gehörte schon vor 1210 zur Abtei Heisterbach.

Oben: Im **Basaltsteinbruch Am Stingenberg** wurden 1914 Gebeine aus der Zeit des Diluviums entdeckt, die als sog. Oberkasseler Mensch anthropologische Bedeutung gewonnen haben. Es handelt sich um die Skelette eines Mannes und einer Frau aus der Rentierzeit, die vor etwa 16 000 Jahren gelebt haben, sowie zeittypische Grabbeilagen, die in dem hier angetroffenen guten Erhaltungszustand selten sind. Der Grabfund befindet sich heute im Rheinischen Landesmuseum Bonn, doch erinnert am Stingenberg eine schlichte Gedenkstätte an den Ort dieses nicht unbedeutenden Fundes.

Auf der Niederterrasse zwischen Ennert, Dollendorfer Hardt und Rhein liegt **Oberkassel**, seit der kommunalen Neuordnung von 1969 ein Ortsteil von Bonn. Von Oberkassel aus wird der Ennert, der nördliche Teil des Naturparks, durch mehrere Straßen und Wege erschlossen. Der Ursprung des Ortes ist vermutlich eine römische Festung (castellum), die auf dem Gelände der am Rhein gelegenen kath. Pfarrkirche St. Cäcilia (oben rechts) vermutet wird. Zusammen mit der Befestigung in Niederkassel sicherten diese beiden Kastelle, die in gleicher Entfernung ober- und unterhalb der Siegmündung lagen, diese Flußmündung und das Legionslager Bonn.

Das von Joh. Conrad Schlaun zwischen 1750 und 1760 erbaute Lippische Haus war bis 1979 im Besitz der Grafen und Fürsten zur Lippe, deren Wappen im Giebel des Hauses zu sehen ist. Der schlichte Barockbau mit Mittelrisalit, Dreiecksgiebel und Mansarddach besticht durch die Ausgewogenheit seiner Form. Er beherbergt heute die Bundesarchitektenkammer.

Das Denkmal (links) an der Oberkasseler Hauptstraße erinnert an den Hochschullehrer, Dichter und Vorkämpfer für die Demokratie Gottfried Kinkel (1815–1882), der hier in Oberkassel geboren wurde.

Diese schlichte Kapelle (rechts) liegt ebenfalls an der Hauptstraße und stammt aus dem Jahre 1683. Sie ist im Gebiet der heutigen Stadt Bonn das älteste evangelische Gotteshaus.

Der romanische Turm der kath. Pfarrkirche St. Michael (um 1200) blieb erhalten, als 1910/11 das alte Kirchenschiff abgebrochen und daneben der Folgebau in neugotischem Stil errichtet wurde. Ein kleiner Zwischenbau mit spitzbogigem Durchgang verbindet Turm mit neuem Gotteshaus.

Das Weingut Bredershof (Ansicht des Innenhofes) ist als typischer rheinischer Fachwerkwinzerhof erhalten geblieben. Diese Liegenschaft wurde 1641 erstmalig urkundlich erwähnt.

Blick von Bad Godesberg auf die Orte **Nieder- und Oberdollendorf** mit ihren Pfarrkirchen, dahinter die Weinberge am Westhang der Dollendorfer Hardt, die das nördlichste geschlossene Weinanbaugebiet in den alten Bundesländern bilden. Ein in Niederdollendorf gefundenes Gräberfeld gibt Hinweis auf die schon sehr frühe Besiedlung dieses Rheinortes, der heute Stadtteil von Königswinter ist.

In Niederdollendorf blieb der dörfliche Charakter des alten Ortes der Schiffer und Winzer in der Rheinstraße durch seine zahlreichen gepflegten Fachwerkhäuser erhalten.

Die Ortslage von **Niederdollendorf** grenzt unmittelbar an den Rhein und ist nicht von Durchgangsverkehr belastet. Damit wird der Uferbereich seiner Funktion als Naherholungsgebiet gerecht. Sowohl die Anlagen neben der Fährstelle als auch der Rheinpavillon und andere Gaststätten laden im Sommer zum geruhsamen Verweilen unter schattigen Bäumen ein.

Weitgehend unbeachtet steht am Rande der Rheinanlage ein Relikt der ersten Stromvermessung des Rheins, von dem nur wenige Exemplare erhalten sind. Die sog. Myriametersteine wurden 1863/67 in einem Abstand von 10 000 Metern von Basel abwärts bis zur Rheinmündung gesetzt und bildeten die erste Vermarkung des Stromes, die heute durch die Rheinstromkilometrierung mit Ausgangspunkt Konstanz abgelöst ist. Auf den einzelnen Seiten der Myriametersteine sind die Entfernungen zur damaligen Landesgrenze sowie bis Basel und Rotterdam angegeben; ein waagerechter Strich gibt die Höhenlage über AP (Amsterdam Peil) wieder.

Das Ortsbild von **Oberdollendorf**, das 966 bereits als ‚Dullendorp' erwähnt wird, überragt der Turm der kath. Pfarrkirche St. Laurentius mit spätromanischem Ostchor sowie viergiebeligem Rautendach und rundbogigen Schallfenstern. Der barocke Kirchbau von 1792/93 verbirgt sich in den Anbauten, um die die Kirche nach dem letzten Krieg erweitert wurde. Um die Kirche und die daneben liegenden früheren Wohngebäude des Pfarrers und Küsters windet sich die Straße, welche Nieder- und Oberdollendorf mit dem Hinterland verbindet.

In Oberdollendorf trifft man auf eine Fülle gut erhaltener Fachwerkhäuser, teilweise in engen und verwinkelten Straßen. Es sind überwiegend ehemalige kleine Winzerhöfe, die den Charakter eines alten rheinischen Winzerortes vermitteln. Besonders eigenwillig ist der Turmhalfenhof in der Turmstraße, der sich mit verschiefertem Giebel und sechsseitigem Dachreiter präsentiert.

An den rheinseitigen Hängen der **Dollendorfer Hardt** liegt das nördlichste geschlossene Weinanbaugebiet in den alten Bundesländern. In den Jahren 1977–1979 erfolgte im Rahmen einer Weinbergsflurbereinigung eine völlige Neuanlage dieser Weingärten. Hierbei wurde auch ein Weinwanderweg angelegt, in den der Aussichtspunkt ‚Hülle' einbezogen wurde, von dem sich ein herrlicher Ausblick über die Rebanlagen, den Ort sowie in das Rheintal und zum Siebengebirge hin bietet.

Die Siebengebirgsweine aus Oberdollendorf, aber auch aus Königswinter und Rhöndorf, sind oft hervorragend und erleben wegen ihrer Qualität häufig Auszeichnungen und Prämierungen durch verschiedene Fachgremien. Viele Oberdollendorfer Weine treten gar nicht erst eine weite Reise an, sondern werden in Weinlokalen des Ortes konsumiert. Diese bieten bevorzugt eine rustikale Gastronomie und eine Atmosphäre von Ruhe und Beschaulichkeit.

Von Oberdollendorf führt ein abwechslungsreicher Weg durch das **Mühlental** nach Heisterbach. Hier verrichteten noch bis Anfang dieses Jahrhunderts mehrere Mühlen ihren Dienst, deren Gebäude erhalten blieben, so das Gebäude der Großen Heisterbacher Mühle.

Eingebettet in die Talaue zwischen Petersberg und Weilberg und umgeben von Wiesen und Feldern liegt das **Kloster Heisterbach.** Die abgeschiedene Lage entsprach der Ordensregel der Zisterzienser, die dieses Kloster gründeten. Heute leben hier Augustiner-Cellitinnen.

Heisterbach war eine Gründung des benediktinischen Reformordens der Zisterzienser, der 1098 in Cîteaux entstand und sich besonders unter dem Einfluß des Hl. Bernhard von Clairvaux sehr rasch auch in Deutschland ausbreitete. Das Kloster im Range einer Abtei erlebte in den sechs Jahrhunderten seines Bestehens (1189–1803) eine wechselvolle Geschichte und war während dieser Zeit geistiger Mittelpunkt der Siebengebirgsregion. Die Zeit der Zisterzienser in Heisterbach endete mit der Säkularisation.

KLOSTER
HEISTERBACH

Das barocke Pfortenhaus mit rundbogigem Portal und Mansarddach entstand um 1750. Das Tor wird von den Statuen der Heiligen Benedikt von Nursia und Bernhard von Clairvaux flankiert, den beiden großen Vorbildern des Zisterzienserordens.

Ein Gedenkstein im Klosterbereich und ein Denkmal in Oberdollendorf, das die Abbildung zeigt, erinnern an den gelehrten Mönch **Caesarius von Heisterbach**, dessen Schriften nicht nur Bedeutung für den Orden der Zisterzienser, sondern auch für die Geschichtsschreibung über die Hohenstauferzeit in der 1. Hälfte des 13. Jahrhunderts haben. Caesarius wurde um 1180 in Köln geboren, lebte bis in die 1240er Jahre und war in Heisterbach Novizenmeister sowie ab 1227 Prior.

Von den 36 Schriften, die er nach eigener Angabe verfaßt hat, sind der überwiegende Teil Sermones und Homilien, die zunächst nur für den Gebrauch in Heisterbach bestimmt waren, aber bereits zu seinen Lebzeiten Verbreitung in anderen Zisterzen fanden. Aus seiner Feder stammen auch die Viten über den 1225 ermordeten Kölner Erzbischof Engelbert I. und die 1231 in Marburg verstorbene Elisabeth von Thüringen.

Sein bekanntestes Werk ist der um 1220 entstandene ‚dialogus miraculorum'. In diesen meist religiösen Wundergeschichten, die Einblick in viele mittelalterliche Lebensbereiche gewähren, kommt seine Neigung zum Ausdruck, in fast allen Geschehnissen Wunder des Allmächtigen zu erblicken.

Ein Hauch von Romantik geht von der Chorruine der ehemaligen Abteikirche aus, die als einziges Relikt der Klosteranlage und des Gotteshauses als hochrangiges Kulturdenkmal erhalten blieb. Der runde Chorumgang mit Kapellenkranz gehörte zu einer spätromanischen turmlosen Gewölbebasilika mit Ostquerschiff, die in den Jahren 1202–1237 aus Stenzelberger Latit erbaut wurde. Mit einer Länge von 88 m hatte diese Klosterkirche domhafte Ausmaße. Nach Aufhebung des Klosters wurden Abteigebäude und Kirche mangels anderer Verwendbarkeit auf Abbruch verkauft. Als nach Übergang der Rheinlande an Preußen die Abbrucharbeiten eingestellt wurden, war von der einst gewaltigen Klosteranlage nur noch die Chorruine der Kirche erhalten, an der sofort und bis in die Neuzeit immer wieder Sicherungsmaßnahmen vorgenommen wurden.

Verschiedene Wirtschaftsgebäude aus der Zisterzienserzeit, die innerhalb der Klostermauern lagen, blieben nach Aufhebung der Abtei erhalten. Hierzu zählen die Zehntscheune (oben) und der Wirtschaftshof (unten). Sie wurden mehrmals mit erheblichem Aufwand renoviert und dienen heute karikativen, fürsorgerischen und demnächst voraussichtlich auch kulturellen Zwecken.

Die große Bedeutung des geologischen Naturdenkmals **Weilberg** wurde dadurch unterstrichen, daß hier 1971 erstmals und danach im Abstand von jeweils 5 Jahren erneut der Naturpark Siebengebirge mit dem Diplom des Europarates ausgezeichnet wurde.

Der geologische Aufschluß des Weilberges bietet Einblick in die Erdgeschichte. Durch Vulkantätigkeit vor etwa 30 Millionen Jahren wurden zunächst gewaltige Aschemengen ausgestoßen, die sich zu Trachyttuff verfestigten (obere helle Zone). Später drang glühende Lava in den Tuff ein, der an der Berührungslinie verbrannte (rote Kontaktzone). Die Lava darunter erstarrte roh geklüftet, in tieferen Schichten säulenartig. Später durchsetzte nochmals junger Basalt den älteren und erstarrte in der oberen Tuffschicht. Dabei bildete er den gut sichtbaren kelchförmigen Einschluß. – Bemerkenswert ist auch die Felswand im Südosten des Steinbruchs wegen ihrer hochstrebenden Basaltsäulen, die man in dieser fast senkrechten Anordnung nur selten findet (Bild oben links).

Das Schicksal, zur Steingewinnung ausgebeutet zu werden, ereilte auch den **Stenzelberg**, der südöstlich in unmittelbarer Nähe des Weilberges liegt. Bereits im 13. Jahrhundert war dieser Berg Steinlieferant beim Bau der Kirche und Abteigebäude des Klosters Heisterbach. Die Gesteinsausbeute setzte sich bis in die Neuzeit fort, zumal der hier anstehende Latit nur geringe Gesteinseinschlüsse enthält und sich somit besonders gut für Bauskulpturen eignet. Im Zuge der Steingewinnung wurde die Kuppe des Berges fast abgeräumt.

Die steilen Wände des aufgegebenen Steinbruchs sind heute beliebte Übungswände für Bergsteiger und Kletterwände für Anhänger der neuen Sportart climbing.

Der in Heisterbacherrott an der Hauptstraße gelegene alte Fronhof wurde 1978 vom Verein Haus Schlesien e.V. erworben und nach umfangreichen Instandsetzungen und Umbauten 1981 seiner neuen Bestimmung als Tagungs- und Begegnungsstätte zur Erinnerung an deutsches Land im Osten übergeben. Vor dem Hauptgebäude erinnert eine Büste an den bedeutenden schlesischen Dichter Gerhart Hauptmann.

Unmittelbar neben Haus Schlesien steht die kleine romanische Nikolauskapelle des alten Fronhofs, die um 1200 erbaut wurde (links unten). Sie ist Beispiel für die heute nur noch wenig erhaltenen Hofeskapellen. Sie stand im Besitz des Damenstiftes Schwarzrheindorf, bevor sie 1305 in den Besitz der Abtei Heisterbach überging.

Dicht dabei findet man den Petrus-Bildstock (links innen). Er ist eines von mehreren religiösen Feldzeichen, die einst Bewohner des Ortes errichteten. Ein Chronikon gibt das Stifter-Ehepaar und 1739 als Jahr der Errichtung an.

Blick auf **Heisterbacherrott** aus Richtung Weilberg. Der Ort wird in einer Urkunde des Kölner Erzbischofs Philipp von Heinsberg von 1173 ‚Roda' genannt. Hierin spiegelt sich sowohl seine Entstehung als Rodung als auch die Nähe zu Heisterbach wider. Die am Lauterbach gelegene frühere selbständige Gemeinde ist seit 1969 Ortsteil von Königswinter.

Den Mittelpunkt des Ortes bildet die 1892 aus Stenzelberger Bruchsteinen errichtete Kirche zu Ehren des Hl. Judas Thaddäus. Reliquien des Heiligen und ein Gnadenbild mit seiner Darstellung sind Ziel von Wallfahrten aus der näheren Umgebung. Auch bei Examensängsten wird oft die Hilfe des Heiligen von gläubigen Examinanten erfleht.

Zwischen Vinxel/Oelinghoven im Norden und Heisterbacherrott im Süden erstreckt sich an der Grenze des Naturparks die Hochfläche der **Kasseler Heide** mit ausgedehnten landwirtschaftlichen Flächen. Der Blick in südlicher Richtung über Heisterbacherrott hinweg zeigt den markanten Umriß des großen Ölbergs (links unten). In der entgegengesetzten Richtung gleitet der Blick über Oelinghoven und den Kirchturm von St. Margareta in Stieldorf bis Siegburg, dem Verwaltungssitz des Rhein-Sieg-Kreises. Hier erkennt man den Bergkegel des Michelsberges mit dem Benediktinerkloster (oben links).

Die Kasseler Heide liegt etwas abseits vom starkbesuchten Kernbereich des Naturparks, besitzt aber ein weitläufiges Wegenetz, das wegen der ungehinderten Ausblicke nach allen Richtungen bei ortskundigen Wanderern und Reitern beliebt ist. In der Nähe von Gut Frankenforst bei Vinxel findet man diesen idyllischen Teich; er wird vom Eichenbach durchflossen, der in den Lauterbach mündet.

Der im Lauterbachtal gelegene Ort **Stieldorf** wird überragt von dem wuchtigen romanischen Turm der kath. Pfarrkirche St. Margareta aus dem 12. Jahrhundert. Er blieb von der ehemaligen romanischen Dorfkirche erhalten, deren Kirchenschiff Mitte des vergangenen Jahrhunderts durch eine spätklassizistische Basilika nach Entwürfen des Kölner Dombaumeisters Zwirner ersetzt wurde.

Östlich an das Siebengebirge – der Wald rechts oben markiert Ausläufer des Großen Ölbergs – schließt sich das **Pleiser Hügelland** an, benannt nach dem von ihm durchflossenen Pleisbach. Die Bergkuppen dieses Gebietes sind weniger hoch als die im Zentralbereich des Siebengebirges, bestehen aber ebenfalls aus magmatischem Ergußgestein. Einer dieser Erhebungen ist der in Bildmitte gelegene Limperichsberg. Der hier angetroffene Basalt wurde bis 1945 abgebaut und mit der Heisterbacher Talbahn, einer heute nicht mehr existierenden dampfbetriebenen Kleinbahn, zur Verladung in den Rheintalbereich befördert.

Hufeisenförmig um diese Erhebung liegt der Ort **Thomasberg**, der aus dem Zusammenwachsen mehrerer kleinerer Ortschaften entstanden ist. Im Vordergrund sieht man das Unterdorf von Heisterbacherrott, an dem entlang der Lauterbach fließt. Beide Orte, die heute zur Gemeinde Stadt Königswinter gehören, erlebten im Zusammenhang mit dem nahen Bonn als bisheriger Bundeshauptstadt eine starke Ausweitung durch Zuzug von dort Beschäftigten.

Den Erhebungen und Einsenkungen des Pleiser Hügellandes folgend, schwingt die in den 1930er Jahren erbaute und im letzten Jahrzehnt auf sechs Fahrspuren verbreiterte BAB 3 in nord-südlicher Richtung durch die Landschaft östlich des Siebengebirges. Dabei wird auch ein Teil des Naturparks durchschnitten. Die Siebengebirgsorte haben über die Anschlußstelle ‚Siebengebirge' in Ittenbach Zugang zu dieser wichtigen Verkehrsverbindung für Kraftfahrzeuge.

Die Häuser im Hintergrund gehören zu Sonderbusch, die rechts der Autobahn zu Bellinghausen.

Das Quadrum des ehemaligen Benediktinerklosters wird überragt von dem wuchtigen romanischen Turm der heutigen Pfarrkirche St. Pankratius. Von den früheren Klosteranlagen blieben der Westflügel mit romanischer Säulenstellung des alten Kreuzganges und auf der gegenüberliegenden Seite die ehemalige Residenz des Probstes erhalten; dieses renovierte Gebäude dient heute Zwecken der Pfarre.

Die Entstehung des Ortes **Oberpleis** liegt in der Merowingerzeit und begann mit einem dem Pfalzgrafen von Niederlothringen gehörenden Fronhof, der erstmals 859 urkundlich erwähnt wird. Nach dem Sieg des Kölner Erzbischofs Anno II. über den Pfalzgrafen Heinrich den Wütenden schenkte er dessen Besitz in Oberpleis seiner 1064 in Siegburg gegründeten Benediktinerabtei. 1105 richteten hier Mönche ein Tochterkloster ein, dem ein Probst vorstand. Bereits unter dem ersten Probst begann 1121 der Bau der romanischen Kirche St. Pankratius, an deren Südseite sich die Klosteranlage anschloß. Die umfangreichen Baumaßnahmen führten zu einer Verschuldung des Konvents, der sich im 15. Jahrhundert auflöste. In der Folgezeit residierte nur noch der Probst in Oberpleis und verwaltete die klösterlichen Liegenschaften.

1803 wurde in Folge der Säkularisation die Probstei aufgelöst. Die damalige kleine Pfarrkirche von Oberpleis wurde 1805 abgebrochen und deren Funktion durch Umwidmung auf die ehemalige Probsteikirche übertragen. Die Oberpleiser Dorfgemeinde war damals schon Mitbesitzer des mächtigen Westturms von St. Pankratius, der auch heute noch das Ortsbild von Oberpleis beherrscht.

Die frühere selbständige Gemeinde Oberpleis ist seit der kommunalen Neuordnung von 1969 Ortsteil der Stadt Königswinter. Der Ort hat aber dadurch seine Eigenschaft als Oberzentrum östlich des Siebengebirges nicht verloren, zumal auch ein großer Teil der Stadtverwaltung hier ihren Sitz hat.

Unmittelbar neben der katholischen Pfarrkirche erinnert ein Ehrenmal an die Gefallenen des Ortes. Eingebettet in die Helden-Gedenkstätte ist die alte Sturmglocke aus dem 14. Jahrhundert. Sie wurde beim Separatistenangriff im Jahre 1923 auf das benachbarte Aegidienberg so stark geläutet, daß sie beschädigt und unbrauchbar wurde. Damals hatten sich die Männer von Oberpleis auf ihr Läuten hin versammelt und waren der bedrängten Bevölkerung von Aegidienberg zu Hilfe geeilt.

Eine Gedächtniskapelle im Ortsteil Eisbach erinnert an Prälat Peter Buchholz (1888–1963), der hier geboren wurde und auch verstarb. Er war katholischer Gefängnisgeistlicher in Essen, Düsseldorf und schließlich Berlin-Plötzensee. Hier hat er über 1 000 Hinrichtungen miterlebt, darunter auch die der Männer und Frauen des Widerstandes vom 20. Juli 1944. Obwohl Hitler verboten hatte, diese Leute seelsorgerisch zu betreuen, besuchte sie Peter Buchholz in ihrer grenzenlosen Verlassenheit unter großem persönlichen Risiko. Wegen dieses Mutes zur Menschlichkeit genießt er Ansehen weit über den Bereich des Siebengebirges hinaus.

Etwas abseits vom Siebengebirge liegt im Ortsteil Bennerscheidt **Haus Neuglück**, das sich mit seinen verspielten Dach- und Fachwerkformen wie ein verwunschenes Schlößchen darbietet. Es wurde um die Jahrhundertwende als Landvilla eines Grubenbesitzers errichtet, der die in unmittelbarer Nähe gelegenen und heute aufgegebenen Erzgruben betrieb. Haus Neuglück ist mit dem Namen des französischen Dichters und Kritikers Guillaume Apollinaire (1880–1919) verknüpft. Dieser Freund und Förderer von Braque und Matisse war in jungen Jahren längere Zeit in Haus Neuglück als Hauslehrer tätig. Während dieser Zeit lernte er die Siebengebirgslandschaft kennen und brachte seine Begeisterung über sie in seiner Lyrik zum Ausdruck.

An den Ausläufern von Ölberg und Lohrberg liegt **Ittenbach**, das zusammen mit Königswinter jahrhundertelang zu Kurköln gehörte und auch heute ein Ortsteil dieser Stadt ist. Seine erste urkundliche Erwähnung datiert aus dem Jahre 922 (Idubag). Wegen seiner unmittelbaren Lage am Naturschutzgebiet sind Wohnplätze in diesem Ort sehr begehrt. In Ortsmitte liegt die kath. Pfarr- und Wallfahrtskirche „Zur schmerzhaften Mutter". Sie wurde 1816/39 erbaut und später um einen neuromanischen Westturm ergänzt. Den Mittelpunkt des reizvollen Siebengebirgsortes bildet der Marienplatz, den ein Brunnen mit barocker Mariensäule ziert.

Der Soldatenfriedhof Ittenbach erinnert an die letzten Wochen des vergangenen Krieges, als Reste deutscher Verbände sich nochmals sammelten und den angreifenden Amerikanern Widerstand leisteten. Weit über 2 000 Soldaten fanden im engeren und weiteren Gebiet des Siebengebirges den Kriegstod. Nachdem die amerikanischen Soldaten in ihre Heimat umgebettet wurden, liegen hier noch 1 870 Gefallene, davon 1 626 deutsche Krieger.

Blick über die Ausläufer von Ittenbach auf den Großen **Ölberg**.

Das Siebengebirge hat etwas mehr als 40 Berge, darunter die ‚klassischen Sieben': Ölberg (460 m), Löwenburg (455 m), Lohrberg (435 m), Nonnenstromberg (335 m), Petersberg (331 m), Wolkenburg (324 m) und Drachenfels (321 m). Der Ölberg ist somit die höchste Erhebung im Siebengebirge. Er ist im oberen Bereich ein reiner Basalt-Härtling und hatte wie viele seiner Brüder ebenfalls unter der Steingewinnung zu leiden. Von seinem Gipfel hat man einen herrlichen Ausblick nach fast allen Himmelsrichtungen. Eine gemütliche Berggaststätte lädt zum Verweilen ein. Der Antennenträger, der den Gipfel überragt, gehört zu einer Fernmeldedienststelle der Telecom dicht unterhalb des Gipfels und dient der Funkübertragung.

Die Ittenbacher Chaussee (L 331) ist die einzige Kraftfahrzeugstraße im Kernbereich des Siebengebirges. Sie erreicht auf der **Margarethenhöhe** ihren höchsten Punkt. Deshalb sind die dortigen Parkplätze beliebte Ausgangspunkte für Wanderungen in das Siebengebirge. Die Margarethenhöhe erhielt ihren Namen durch das Margarethenkreuz. Es wurde 1641 von Ittenbacher Bürgern als Wegekreuz des Bittweges zur Wallfahrtskapelle auf dem Petersberg gestiftet.

Auf dem Weg von der Margarethenhöhe zum Petersberg liegen links des Weges die Reste der **Burgruine Rosenau**. Auf Initiative Königswinterer Heimatfreunde wurde die Geschichte dieser weitgehend unbekannten Höhenburg erforscht, im Bestand festgestellt und in den Jahren 1990/91 teilweise gesichert. Die Burg war einst im Besitz des Rittergeschlechts von Rosowe. In den 1240er Jahren erwarb die nahegelegene Abtei Heisterbach die Rosenau und zerstörte sie, um einer möglichen Beeinträchtigung des Klosterfriedens vorzubeugen. In unmittelbarer Nähe der Rosenau liegt im Waldgebiet an einer Wegekreuzung das **Einkehrhaus Waidmannsruh** (unten), das in seinem Baustil mit dem Naturparkcharakter harmoniert.

Blick auf das **Plateau des Petersberges** mit dem zum Gästehaus des Bundes umgebauten Hotelkomplex. Bei diesem Umbau wurde die alte Bausubstanz weitgehend beibehalten, der Komplex jedoch um eine Rotunde für Staatsempfänge erweitert. Im Sommer 1990 wurde der Umbau seiner neuen Zweckbestimmung übergeben. Hinter dem Hotel ist die alte Petersbergkapelle zu sehen.

Der alte Hotelbau aus dem Jahre 1914 hatte insbesondere nach dem Zweiten Weltkrieg überregionale Bedeutung als Dienstsitz der Alliierten Hohen Kommissare erlangt. Hier stellte auch der erste Bundeskanzler der jungen Bundesrepublik Konrad Adenauer am 21. September 1949 sein Kabinett vor und mit dem ‚Petersberger Abkommen' vom 22. November 1949 ging der Name des Berges in die Geschichte ein. Nach dem Abzug der Hohen Kommissare (1952) waren in dem anschließend wiedereröffneten Hotel zahlreiche Staatsgäste der Bundesrepublik untergebracht. Das 1973 aus wirtschaftlichen Gründen endgültig geschlossene Hotel ging 1979 mit Teilen des Berges in den Besitz des Bundes über und wurde in der 2. Hälfte der 1980er Jahre umgebaut.

Das Plateau des Peterberges ist durch eine Kraftfahrzeugstraße und mehrere Wanderwege erschlossen. Bei Staatsempfängen ist ein Besuch des Berges nicht oder nur mit Einschränkungen möglich. Die Aufnahme links zeigt den alten Portikus über dem Eingang für Hotelgäste; für Staatsgäste ist ein besonderer Zugang vorgesehen.

Von allen Bergen des Siebengebirges hat der Petersberg die größte geschichtliche Vergangenheit. Sie beginnt mit einer Fliehburg aus der Spätlatènezeit, die vermutlich im 1. Jahrhundert v. Chr. aufgegeben wurde. Die Anlage wurde durch Steinbruchtätigkeit und den Hotelbau stark in Mitleidenschaft gezogen, aber Reste sind heute immer noch erkennbar.

Sehr früh ist schon mönchisches Leben auf dem Berg durch mehrere urerzbischöfliche und päpstliche Urkunden belegt. In der 1. Hälfte des 12. Jahrhunderts siedelte hier zunächst ein Eremit Walter. Kurz danach kamen Augustiner-Chorherren, die auf dem Plateau vor 1142 eine Kirche errichtet hatten, bevor sie um 1176 den Berg bereits wieder verließen. Die Fundamente dieser Kirche wurden 1980 im Zusammenhang mit dem Umbau des Hotels zum Gästehaus des Bundes wiederentdeckt und im Bestand gesichert (oben).

1189 kamen Zisterzienser auf Bitten des Kölner Erzbischofs Philipp von Heinsberg von Himmerod in der Eifel nach hier. Sie übernahmen zunächst diese Kirche, bevor sie im Heisterbacher Tal Klostergebäude und Abteikirche 1202–1237 errichteten.

Die von den Zisterziensermönchen erbaute und dem Hl. Petrus geweihte Kapelle aus dem Jahr 1764, die mehrere Vorgängerbauten hatte, erinnert an die lange Tradition der Wallfahrten auf den Petersberg. Von Dollendorf, Heisterbach, Ittenbach und Königswinter führten mit Kreuzen gesäumte Bittwege zur Kapelle auf dem Bergplateau. Die zahlreichen Kreuze des steilen Königswinterer Bittweges, von denen hier vier wiedergegeben werden, sind besonders gut erhalten. Sie sind sowohl Zeugen rheinischer Frömmigkeit als auch einheimischer Steinhauerkunst (linke Seite). Im Zusammenhang mit dem Erwerb des Hotels ging auch der Besitz an der Kapelle und an sieben Bildstöcken auf die Bundesrepublik Deutschland über, die sich schon kurz nach dem Erwerb um eine sachgerechte Restaurierung der Kreuze und Kapelle bemühte.

Königswinter, flankiert von den Hausbergen Petersberg und Drachenfels, wird zu Recht als Eingangstor zum Siebengebirge bezeichnet. Die bekannten ‚Sieben Berge' liegen u-förmig um Königswinter herum gruppiert, das mit seiner Westseite unmittelbar an den Rhein grenzt. Die von den Ausläufern des Siebengebirges und dem Strom eingeengte Stadt entwickelte sich im vergangenen Jahrhundert nach verkehrsmäßiger Erschließung zu einem Fremdenverkehrsort hohen Ranges, was sich auch heute noch an den zahlreichen Hotels am Rhein und in der Stadt ablesen läßt. Mit dieser Entwicklung wurden frühere Erwerbsquellen wie Weinwirtschaft und Steinhauerei weitgehend verdrängt. In der hier beheimateten Schiffahrt, einer weiteren wichtigen Erwerbsquelle, vollzog sich ein Wandel von der Güterschiffahrt zur Personenschiffahrt hin. Daneben entstand in diesem Jahrhundert mit den Lemmerz-Werken, die Autoräder und -felgen herstellen, ein bedeutender Industriebetrieb mit vielen Arbeitsplätzen für die Bevölkerung des Ortes und der Umgebung.

Der Name der Stadt leitet sich von ‚vinitorium' (Weinberg) her und wird schon 1015 als ‚vintre' erwähnt. 1344 erhielt Königswinter endgültig die heutige Bezeichnung zur Unterscheidung vom linksrheinischen Oberwinter, das sechs Kilometer stromauf liegt.

Der früher im Auelgau gelegene Ort gelangte im 11. Jahrhundert an die Kölner Erzbischöfe. Etwa 300 Jahre später erhielt der Ort eine Ummauerung, die im vergangenen Jahrhundert einschließlich aller To-

re abgebrochen wurde. Innerhalb des Ortes waren zahlreiche Klöster und geistliche Stifte begütert, dabei überwiegend mit Rebanlagen an den Hängen des Siebengebirges. Zusammen mit Ittenbach bildete Königswinter bis zum Erlöschen des Erzstifts im Jahre 1803 das kurkölnische Amt Wolkenburg. Es war eine Enklave in Sayner und später Bergischem Gebiet. Nach vorübergehender Zugehörigkeit zu Nassau-Usingen und zum Großherzogtum Berg gelangte der Ort 1815 zum Königreich Preußen. Heute sind Königswinter und das benachbarte Bad Honnef, das von 1808–1862 vorübergehend zur Bürgermeisterei Königswinter gehörte, die südlichsten Rheingemeinden des Bundeslandes Nordrhein-Westfalen.

Heute wird im Sprachgebrauch die Bezeichnung Königswinter etwas differenziert angewendet, denn mit der kommunalen Neuordnung von 1969 wurden der Stadt weitere sechs selbständige Gemeinden angegliedert. Dies sind im Talbereich die Orte Nieder- und Oberdollendorf und die hinter dem Naturparkgürtel liegenden Orte Stieldorf, Heisterbacherrott, Oberpleis und Ittenbach. Königswinter selbst wird seit dieser Zeit meist als ‚Alt-Königswinter' oder ‚Königswinter-Altstadt' bezeichnet. Der Naturparkgürtel zwischen Berg und Tal hat sich nicht als Trennlinie erwiesen, denn die Orte des Bergbereichs waren seit jeher schon immer in gewissem Umfang nach den Rheintalgemeinden hin orientiert. Der Verbund der neuen Großgemeinde Königswinter wird auch durch drei verschiedene Standorte der Verwaltung in den Ortsteilen Altstadt, Oberpleis und Thomasberg unterstrichen.

Etwa fünf Kilometer lang, von Rhöndorf im Süden bis Oberkassel im Norden, zieht sich die Königswinterer Rheinpromenade am Flußufer entlang. An ihr liegen die Anlegestellen der Personenschiffe und Fähren, der ungehinderte Blick geht auf den Strom, der meistbefahrenen Schiffahrtsstraße Europas, mit Personenschiffen und Schiffen der Güterfahrt, die tiefabgeladen langsam bergwärts streben oder leer zu Tal eilen, um im Ruhrgebiet oder den Seehäfen neue Fracht aufzunehmen. Die abwechslungsreich gestaltete Rheinallee bietet für jeden etwas: sie ist Flaniermeile für Spaziergänger, Radweg für die Radfahrer und an verschiedenen Stellen Spielplatz für die Kinder, die sich besonders von dem Eselsbrunnen im Kernbereich der Altstadt angezogen fühlen, den 1984 der Königswinterer Künstler Ernemann Sander schuf. Und viele Bänke laden ein, das bunte Treiben auf dem Rhein und auf der Promenade zu beobachten oder auch nur Landschaft und Sonne zu genießen.

Das Gebäude des Siebengebirgsmuseums, ein barockes Bürgerhaus von 1732, liegt in der Kellerstraße. Die ausgewogene Gliederung seiner Hoffront mit Bändern, Eckpilastern, Dreiecksgiebel und Mansarddach ist Beispiel für Königswinterer Bau- und Steinmetzkunst der damaligen Zeit. Das heute in städtischer Trägerschaft stehende Museum zeigt mit seinen Sammlungsbeständen in mehreren Ausstellungsbereichen die wechselvolle Geschichte des Siebengebirges. Daneben vergrößern Ausstellungen zu aktuellen Themen und Wanderausstellungen, die thematisch das Siebengebirge und seine Bevölkerung berühren, das Kulturangebot.

Gegenüber dem Zugang zum Siebengebirgsmuseum liegt der Lord-Byron-Platz. Es waren Anfang des 19. Jahrhunderts vornehmlich Engländer, welche die Schönheiten der Rheinlandschaft entdeckten und sie in Poesie und graphischen Darstellungen zum Ausdruck brachten. Zu ihnen zählt der Dichter und Romantiker George Noel sechster Baron Byron (1788–1824), der bei einer Rheinreise das Gedicht ‚The castled crag of Drachenfels' verfaßte und mit seiner Veröffentlichung in der Dichtung ‚Ritter Harold's Pilgerfahrt' viel dazu beitrug, daß dieser Berg und das Siebengebirge eine große Bekanntheit im Ausland erfuhren.

Der Hofbereich des barocken Haus Bachem, das am Marktplatz liegt, wird vom Westturm von St. Remigius überragt. In der Frühzeit des Rheintourismus weilte hier im Sommer 1857 für rund 6 Wochen der Prinz von Wales. Dieser lange Aufenthalt des späteren Königs Edward VII. gab der damals jungen Fremdenverkehrsstadt nicht unerheblichen Auftrieb. Heute sind im Haus Bachem und seinen Nebengebäuden Dienststellen der Stadt Königswinter untergebracht.

Die von Georg Leydel, einem Schüler von Balthasar Neumann, im Stil des rheinischen Klassizismus errichtete kath. Pfarrkirche St. Remigius wurde 1780 fertiggestellt. Die Eingangsseite zeigt eine dreiachsige Gliederung mit Mittelrisalit und Segmentgiebel. Im Gegensatz zu anderen Pfarrkirchen der Umgebung wurde St. Remigius nicht erweitert und präsentiert sich als ein Baukörper aus dem späten 18. Jahrhundert in harmonischer Geschlossenheit.

Die Giebelseite des alten Rathaus aus dem Jahre 1906 mit historisierenden Stilelementen und reich gegliederter Fassade beherrscht den Marktplatz von Königswinter. An ihr befindet sich das von 1889–1969 gültige Stadtwappen von Königswinter. Auch heute, nach kommunaler Neuordnung und Dislozierung der Verwaltung, beherbergt das Gebäude weiterhin Dienststellen der Stadt.

Beim Winzerfest im Oktober lebt die Tradition des früher bedeutenden Erwerbszweiges Weinwirtschaft fort, wenn Weingott Bacchus und die Weinkönigin des Siebengebirges mit Gefolge auf dem festlich geschmückten Marktplatz die Gäste

der Stadt begrüßen. Tausende strömen an diesem Wochenende in die Stadt, um an dieser attraktiven Veranstaltung teilzunehmen. Hierbei wird auch der originelle Orden ‚Wider den quälenden Durst' verliehen.

Von mehreren einst vorhandenen Winzerhöfen in der Stadt ist der Jesuiter Hof aus dem Jahre 1690, einst im Besitz der Niederlassung des Jesuiterordens in Köln, erhalten geblieben. Nach gründlicher Renovierung und moderatem Umbau zum Hotel ging der Charakter eines rheinischen Fachwerk-Winzerhofes nicht verloren. Das Haus bewirtschaftet auch heute noch eigene Rebflächen an den Hängen des Drachenfels.

Nördlich des Wintermühlenhofes liegt am Kutzenberg (Südhang des Petersberges) ein bemerkenswertes Naturdenkmal in sphärodialer Form, das aus einer Laune der Natur bei der Erstarrung glutflüssigen Magmas entstanden ist. Das Felsengebilde wird, obwohl nicht ganz zutreffend, als Sphäroid bezeichnet und hat einen Durchmesser von etwa 10 Meter.

Bei diesem sich nach oben verjüngenden Gebilde läuft der Säulenbasalt, der sonst in geraden Gängen senkrecht zur Erkaltungsfläche ansteht, in einzelnen Schalen strahlenförmig auf einen Mittelpunkt zu.

Trachyttuffe, im Laufe von Jahrmillionen aus verfestigter Trachytasche entstanden, waren besonders im vergangenen Jahrhundert und auch noch bis in die Neuzeit Grundlage für das nicht unbedeutende einheimische Gewerbe des Backofenbaus. Diese aus porösem Tuffgestein hergestellten „Königswinterer Öfen“ fanden teilweise Verbreitung bis in das angrenzende Ausland, bis sie durch moderne elektrisch betriebene Backöfen verdrängt wurden. Die Tuffsteinplatten zur Herstellung der Backöfen wurden überwiegend im **Ofenkaulenberg** rechts der Landstraße Königswinter-Ittenbach unterirdisch abgebaut (oben). Das weitverzweigte und teilweise in Etagen übereinan-

der liegende Stollensystem ist heute verlassen und darf wegen der Gefahr von Steinabbrüchen nicht betreten werden. Es bietet zudem seltenen und darum geschützten Fledermausarten eine Heimat.

Eine der alten Zuwegungen von Königswinter zum Ofenkaulenberg stellt der schmale Hölle-Weg dar (Vorseite unten). Er ist ein Einschnitt in den Tuffsteinmantel, der in mehreren Tallagen des Siebengebirges in unterschiedlicher Mächtigkeit angetroffen wird.

Die Straßen im Naturpark sind grundsätzlich für den Verkehr mit Kraftfahrzeugen gesperrt. Um so erholsamer ist eine Droschkenfahrt durch das Siebengebirge oder zum Drachenfelsplateau, zu dem die Straße auf der Abbildung führt. Sie verläuft am Hirschberg entlang, der mit einer Höhe von 225,9 Metern eine der kleineren Erhebungen im Kranz der ‚klassischen Sieben' ist. Hier liegt am Westhang mit Blick zum Rhein die **Hirschburg**. Die kleine neugotische Burg wurde in den Jahren 1884/85 von Jacob Hubert Biesenbach aus Düsseldorf errichtet, einem Schwager des Barons von Sarter, des Erbauers der in der Nähe liegenden Drachenburg. Seit 1939 ist die Hirschburg mit ausgedehntem Park im Besitz der Mannesmann AG Düsseldorf und dient Schulungs- und Erholungszwecken.

Auf halber Höhe des Drachenfels liegen Schloß Drachenburg und der dazugehörige **Burghof** (rechts). Letzterer war bereits im vergangenen Jahrhundert ein beliebtes Ausflugslokal. Das Lied von den drei Burschen, die über den Rhein zogen und bei einer Frau Wirtin einkehrten, soll Bezug zum Burghof haben.

Schloß Drachenburg wurde 1881–1884 von Baron Stephan von Sarter erbaut. Als Mitarbeiter von Ferdinand von Lesseps, dem Erbauer des Suez-Kanals, war er zu Reichtum gekommen, der ihm den Bau des Schlosses gestattete, das er aber selbst nie bewohnt hat. Das gelegentlich wegen seiner verspielten Türmchen und Fassaden gerne als ‚Neuschwanstein am Rhein' bezeichnete Schloß gilt heute als ein Meisterwerk der Neugotik. Die Innenräume schmücken historische Malereien aus der Geschichts- und Sagenwelt der Rheinlande. Die Besitzverhältnisse am Schloß wechselten häufig. Teile der jetzigen Ausstattung stammen überwiegend von einem Privatbesitzer, der das im Krieg ausgeraubte Schloß 1971 erwarb. Nach seinem Tod ging die Liegenschaft 1989 an das Land Nordrhein-Westfalen über. Hier soll künftig die NRW-Stiftung Naturschutz, Kultur- und Heimatpflege ein Museum unterhalten und kulturelle Veranstaltungen durchführen. Schloß Drachenburg kann besichtigt werden und ist über den sog. Eselsweg zu erreichen. Die Drachenfelsbahn hat hier eine Haltestelle.

Noch bis in die Mitte dieses Jahrhunderts zogen sich Rebflächen auch unmittelbar hinter der Stadt Königswinter am Hardtberg hin. Erinnerungen an diese Zeit und die lange Königswinterer Winzertradition vermittelt das gegenüber der Nibelungenhalle gelegene Weingut Kuckstein, das wiedererrichtet wurde. Auf seinem Gelände befinden sich auch mehrere alte Keltern (rechte Seite).

Zwei der Beförderungsmittel zum Drachenfels haben eine lange Tradition. Was die Eulen für Athen, sind die Esel für Königswinter. Ursprünglich wurden diese Grautiere bei Arbeiten in den Weinbergen eingesetzt. Als im vergangenen Jahrhundert der Fremdenverkehr eine immer größere Bedeutung erlangte, wurden die Esel auch zum Transport für Besucher des Drachenfels eingesetzt. Das hat sich bis heute erhalten und besonders für Kinder ist ein Ritt bergwärts auf einem Esel über den steilen sog. Eselsweg immer noch ein Erlebnis.

Wußten Sie, daß die Drachenfelsbahn die älteste Zahnradbergbahn Deutschlands ist? Sie nahm 1883 den Betrieb mit Dampfloks auf, die noch bis 1958 verkehrten. Nahe der Talstation ist für alle Freunde der Dampfeisenbahn eine der alten Dampfloks des Baujahrs 1927 als vielbestauntes technisches Denkmal aufgestellt. Heute werden moderne Triebwagen mit Elektroantrieb eingesetzt. Die Aufnahme zeigt einen solchen Triebwagen auf dem Viadukt nahe der Drachenburg auf dem halben Weg zum Drachenfels.

Die Ruine des Bergfrieds auf dem **Drachenfels** ist das markante Wahrzeichen des Siebengebirges. Die Burganlage, von der heute außer dem Bergfried nicht mehr viel erhalten ist, wurde nach 1138 vom Kölner Erzbischof Arnold begonnen und sicherte kurkölner Gebiet nach Süden ab. Im Jahre 1634, während der Wirren des Dreißigjährigen Krieges, wurde die Burganlage zerstört. Seit der Zeit der Rheinromantik sind Berggipfel und Ruine des Bergfrieds ein touristischer Anziehungspunkt. Wegen seiner dicht zum Rhein vorgeschobenen Lage genießt man vom Drachenfels einmalige Aussichten auf das übrige Gebirge und in das Rheintal.

Mauerrest auf dem Burgplateau mit dem sog. Kölner Fenster; hier herrscht oft Hochbetrieb. Daß der Drachenfels manchmal als der höchste Berg der Niederlande bezeichnet wird, verdankt er seiner Beliebtheit auch bei ausländischen Touristen und natürlich nicht nur solchen aus den Niederlanden. Aber zu diesem Land besteht sozusagen Blickkontakt, denn der Drachenfels ist die letzte hohe Erhebung am Rhein, bevor dieser in die Niederrheinebene eintritt, sich spaltet und seine verschiedenen Mündungsarme bildet.

Ein Besuch des Berges und seiner Burgruine hat einen hohen Erlebniswert, und die Verschlüsse der Kameras klicken bei schönem Wetter ununterbrochen. Aber auch schon vor dem Zeitalter der Fotografie, besonders zur Zeit der Rheinromantik, waren Ansichten vom Drachenfels und Aussichten von seinem Gipfel überaus beliebte Motive für Maler und Zeichner, die ihre Empfindungen vom Erleben der Landschaft mit unterschiedlichen Darstellungen ausdrückten.

Auch die Kamera vermag solche Stimmungen einzufangen, wobei ein Blick stromab Richtung Bonn zu nächtlicher Stunde (nächste Seite) vielleicht die Frage aufkommen läßt, ob wir nicht etwas allzu sorglosen Umgang mit elektrischer Energie betreiben.

Unterhalb des Parks von Schloß Drachenfels schließt sich hangabwärts zum Rhein das **Felsenmeer des Rüdenets** an. Die laibförmigen Trachytbrocken, die schon in Urzeiten durch Erosion hervorgetreten sind, wurden bereits in der Römerzeit zur Steingewinnung herangezogen. An etwa 40 Felsbrocken sind römerzeitliche Bearbeitungsspuren zu erkennen, wie z. B. an diesem Stein mit Schalrinne und begonnener Keilspur (links).

Das hier und vor allem in den Brüchen am Westhang des Drachenfels von den Römern gewonnene Gestein wurde im Uferbereich auf Schiffe verladen und zu den Bestimmungsorten gebracht. Drachenfelser Trachyt wurde von den Römern vor allem beim Bau des Legionslagers Bonn und bei Bauten in Köln, der Hauptstadt von Niedergermanien, verwendet, ist aber auch noch weiter stromabwärts nachgewiesen.

Während die römischen Steinbrüche am Westhang des Drachenfels durch erneute Steingewinnung vor allem für Sakralbauten, die im Mittelalter begann und bis in die Neuzeit andauerte, überstört wurden, blieb der Steinbruch Rüdenet in seinem römerzeitlichen Zustand erhalten. Entsprechend groß ist seine geschichtliche und archäologische Bedeutung.

Vom **Verschönerungs-Verein für das Siebengebirge e. V. (VVS)**, werden einmal monatlich Wanderungen durch das Siebengebirge angeboten, zu denen alle Freunde des Siebengebirges und die Mitglieder des Vereins willkommen sind. Hierbei werden von Forstfachleuten und Heimatkundlern nicht nur die Schönheiten der Landschaft, sondern auch die vielseitigen Probleme des Naturschutzes, der Forstwirtschaft und der Ökologie vorgestellt. Die Wanderungen führen auch zu Natur- und Baudenkmalen der Siebengebirgsgegend.

Es gibt heutzutage viele Vereine, Gemeinschaften und Bürgerinitiativen, die mit der Bezeichnung Verschönerungsverein oder einer ähnlichen ihre Bemühungen um Verschönerung eines Ortsbildes oder Pflege eines Erholungsgebietes zum Ausdruck bringen. Dankbar werden die von diesen Initiativen aufgestellten Bänke, Schutzhütten und Grillplätze sowie angelegte Wanderwege in Anspruch genommen. Diese Zielsetzungen verfolgt auch der VVS, aber seine Aufgabenstellung liegt schwerpunktmäßig im Erhalt und in der Pflege der einzigartigen Siebengebirgslandschaft. Es ist eine Verpflichtung gegenüber seiner jetzt 125-jährigen Tradition.

Dem Besucher wird bei Wanderungen aufgefallen sein, daß an vielen Bergen Steinbrüche betrieben und einige Bergkuppen hierbei völlig abgetragen wurden. Die magmatischen Vulkanite Trachyt, Andesit, Latit und Basalt mit ihrer vielseitigen Verwendungsmöglichkeit sowie die nahe Lage des Siebengebirges zum Rhein waren der Grund für eine Steingewinnung, die schon in der Römerzeit begonnen hat. Während zunächst nur der am nächsten zum Rhein gelegene Drachenfels unter der Steingewinnung zu leiden hatte, wo von einer Entnahme von 400 000–450 000 m³ Gestein im Laufe der Jahrhunderte ausgegangen wird, wurden mit den Mitteln des Industriezeitalters im vergangenen Jahrhundert auch viele andere Berge in Mitleidenschaft gezogen.

Erhalt oder Zerstörung einer einzigartigen Landschaft war in der 2. Hälfte des vergangenen Jahrhunderts die Schicksalsfrage für das Siebengebirge, denn die sich immer stärker ausdehnende kommerzielle Steingewinnung in den Brüchen privater Betreiber hatte zu tiefgreifenden und unübersehbaren Schädigungen der Landschaft geführt. Befürchtungen einer totalen Zerstörung des Siebengebirges waren nicht unberechtigt.

Neben dem VVS, der 1869 gegründet worden war, bemühte sich der 1886 aus gegebenem Anlaß entstandene Verein zur Rettung des Siebengebirges, der Zerstörung entgegenzuwirken. Dies war wirksam nur durch den Ankauf der Steinbrüche möglich, wozu jedoch die nötigen Mittel fehlten. Da diese durch Spenden kaum aufzubringen waren, richtete der VVS, in den der Verein zur Rettung des Siebengebirges zwischenzeitlich aufgegangen war, 1897 eine Petition an Kaiser Wilhelm II. Dieser erlaubte zur Aufbringung der Gelder die Durchführung einer Lotterie von 1,5 Mio. Mark und – außergewöhnlich für einen Verein – erkannte dem VVS wegen seiner dem Allgemeinwohl dienenden Zielsetzung das Enteignungsrecht zu. Auf dieser finanziellen und rechtlichen Basis konnte vom VVS der Kernbereich des Siebengebirges durch Grundstückskäufe gerettet und bis heute ein etwa 820 ha großer Waldbesitz erworben werden, der von einer eigenen Försterei bewirtschaftet wird.

Daneben ist der VVS heute Träger des gesamten Naturparks Siebengebirge. Waldbesitz in diesem Naturpark haben neben dem VVS überwiegend das Land Nordrhein-Westfalen und die Stadt Bad Honnef, welche die Waldwirtschaft ebenfalls durch eigene Förstereien betreiben. Weitere Waldparzellen gehören privaten Eignern, der Stadt Bonn und der Bundesrepublik Deutschland. Der Naturpark ist heute durch ein rund 200 km langes Wegenetz für Wander- und Naturfreunde erschlossen.

Dem Naturpark Siebengebirge wurde wegen seiner landschaftlichen Schönheit und geologischen Einmaligkeit 1971 das Europa-Diplom durch den Europarat verliehen. Es wurde danach immer wieder – zuletzt 1991 – erneuert. Diese seltene und hohe Auszeichnung erhalten nur Naturdenkmale und Naturschutzgebiete von europäischer Bedeutung.

Es gibt zahlreiche aufgelassene Steinbrüche innerhalb des Naturparks, die heute einen wild-romantischen Eindruck bieten und als Abenteuerspielplätze geradezu reizen, wie z. B. der Steinbruch am Stenzelberg (oben). Das Betreten aller ehemaliger Brüche ist aber wegen der Gefahr unkontrollierter Steinabbrüche regelmäßig verboten. Eine Ausnahme bildet lediglich der ehemalige Steinbruch Nasseplatz am Lohrberg. Hier unterhält der VVS einen Grillplatz, der von jedermann nach Genehmigung in Anspruch genommen werden kann, und hier werden die Felswände regelmäßig auf Gesteinslockerungen untersucht.

Im Siebengebirge erinnern die Namen mehrerer Denkmale und die Benennung landschaftlich besonders reizvoller Plätze an Persönlichkeiten, denen wir den Erhalt der Siebengebirgslandschaft und die anschließende Gestaltung zu einem Naturpark verdanken. Besondere Verdienste fallen hierbei den Männern der Ersten Stunde zu. Zu diesen zählt der Berghauptmann Heinrich von Dechen, der langjähriger Vorsitzender des VVS nach seiner Gründung war. Sein Denkmal mit einem Kopfrelief steht am NW-Hang der Wolkenburg, am sog. Uttweiler Knipp, neben der Fahrstraße zum Drachenfels und wurde am 25. 5. 1892 eingeweiht.

Ein weiterer Gedenkstein zur Erinnerung an eine verdienstvolle Persönlichkeit für die Erhaltung des Siebengebirges ist dem Geologen Dr. phil. Bernhard Stürtz gewidmet, der in der damals sehr wichtigen Grunderwerbskommission tätig war. Dieses Denkmal findet man beim Aufstieg zum Drachenfels von Rhöndorf her.

In den Wäldern des Naturparks wird zum Teil noch Niederwald angetroffen, der heute forstwirtschaftlich unrentabel ist. Aber zur Demonstration dieser besonderen Form der Waldwirtschaft, die sich bereits im Mittelalter nachweisen läßt und bis zum Beginn dieses Jahrhunderts z. B. im Ennert vorherrschend war, wird hier Niederwaldwirtschaft aus historischen Gründen auf Teilflächen zur Demonstration beibehalten. Dieser Wirtschaftsform liegt die Fähigkeit verschiedener Laubbaumarten zu Grunde, aus dem Wurzelstock auszuschlagen und lange Schößlinge zu bilden. Wenn die Stockausschläge eine Höhe von 8–10 m erreicht hatten, wurden sie gefällt. Dies erfolgte in einem Rhythmus von 15–18 Jahren. Soweit die Stämmchen nicht als Nutzholz zu verwenden waren, dienten sie als Hausbrand. Dünne Zweige ergaben Winterfutter für das Vieh, das Laub verwendete man als Stallstreu.

Mit einer Höhe von 455 m ist die **Löwenburg** nach dem Ölberg (460 m) die zweithöchste Erhebung des Siebengebirges. Von ihrem Gipfel bietet sich ein ungehinderter Ausblick nach fast allen Richtungen, besonders zum Rheintal und zum übrigen Gebirge.

Um 1200 errichteten die Grafen von Sayn auf diesem Doloritkegel eine Burganlage als Grenzsicherung gegenüber den Kölner Erzbischöfen, zu deren Territorium die Burg auf dem Drachenfels und die Wolkenburg gehörten. Diese drei Höhenburgen kontrollierten den wichtigen Zugang vom Rhein durch das Rhöndorfer Tal zum Westerwald. Später kam die Burg in den Besitz der Herren von Löwenburg, die eine eigene Herrschaft begründeten. Nach Verlegung des Amtssitzes der Herrschaft Löwenburg nach Honnef verfiel die Burg im Laufe des 17. Jahrhunderts. Umfangreiche Bestandssicherungen erfolgten in den 80er Jahren und machen die Reste der eindrucksvollen und weitläufigen Burganlage heute wieder zugänglich.

Aegidienberg schließt unmittelbar östlich an den Naturpark Siebengebirge an und liegt mit seinem Kernbereich auf einem Hangsporn. Die ehemals selbständige Gemeinde bildet seit der kommunalen Neugliederung von 1969 einen Ortsteil der Stadt Bad Honnef, zu der schon immer eine starke Bindung bestand. Dies kommt in der alten Ortsbezeichnung ‚Honffrod' und ‚Hunferode' zum Ausdruck. Noch bis in das 18. Jahrhundert war diese Bezeichnung neben der heutigen gebräuchlich und zeigt an, daß der Ursprung des Ortes eine von Honnef aus betriebene Rodung war.

Im November 1923 bekam der Ort unverhofft eine größere Bekanntheit, als sich die einheimische Bevölkerung mit den Separatisten eine regelrechte Schlacht lieferte. Diese damaligen militanten Sonderbündler strebten die Schaffung eines aus Teilen des Rheinlandes bestehenden Pufferstaates zwischen Frankreich und Deutschland an. Nachdem sie sich wegen Versorgungsschwierigkeiten aus den Rheintalgemeinden in das Hinterland zurückziehen mußten, requirierten sie hier Vieh und alles Erreichbare. Die blutige Auseinandersetzung vom 16. November 1923 mit Toten und Verletzten auf beiden Seiten endete mit einem Sieg der Einheimischen. – Im Ortsteil Hövel erinnern ein Denkmal und auf dem Aegidienberger Friedhof mehrere Grabkreuze an das damalige Ereignis.

Nahe der **Servatiuskapelle** im Honnefer Stadtwald fließt der Logebach, dessen Tal bis zur Vereinigung mit dem Quirrenbach im wesentlichen die östliche Grenze des Naturparks bildet. Er ist ein typischer Wiesenbach, der in kleineren oder größeren Schleifen durch den Talgrund mäandert, dessen Wiesenflächen auch heute noch als Weideland dienen.

Die Servatiuskapelle geht auf spätromanische Zeit zurück. Der schlichte Bau mit abgesetztem Chor und Dachreiter ist dem Hl. Servatius geweiht. Dieser war Bischof von Tongern und verstarb um 400; er wird von der katholischen Bevölkerung als ein Nothelfer gegen die Pest verehrt.

Als Dank für das Erlöschen der Pest gelobte die Honnefer Bevölkerung Ende des Mittelalters, jährlich Prozessionen zur Servatiuskapelle zu veranstalten. Aus diesem Grund zieht bis heute im Mai und September eine Sakramentsprozession zu der Kapelle.

Auch im südlichen Bereich des Naturparks, im Bereich des Honnefer Waldes, wurden früher verschiedene Berge zur Steingewinnung genutzt. Zwei von ihnen, den Leyberg und den **Himmerich**, kann man heute besuchen, wobei der ehemalige Andesitsteinbruch am Himmerich besonders gut erschlossen ist. Von dem Plateau vor der Felswand (oben) bietet sich ein weiter Blick über Höhen und Täler des südlichen Naturparks. Wenig bekannt ist dagegen der **Broderkonsberg** (378 m), die höchste Erhebung in diesem Gebiet. Hinzu kommt, daß die Bäume durch unterschiedliche Stammlängen ihre Kronen auf fast gleicher Höhe tragen, so daß der Berg, der auch nicht durch Wanderwege erschlossen ist, bei Belaubung der Bäume als Erhebung fast nicht zu erkennen ist (unten). Von den zahlreichen Wanderwegen im südlichen Teil des Naturparks ist der Stellweg zu erwähnen (rechts). Dieser etwa 5 km lange Forstwirtschaftsweg hat mit der Kreuzeiche im Süden und der Frühmeßeiche im Norden einen markanten Anfangs- und Endpunkt.

Der Ziepchens-Platz mit seinen rheinischen Fachwerk-Winzerhäusern bildet den Ortskern von **Rhöndorf**, das bereits im 10. Jahrhundert urkundlich erwähnt wird und heute einen Ortsteil der Stadt Bad Honnef bildet. Von hier aus zieht sich das vom Fonsbach durchflossene Rhöndorfer Tal zur Löwenburg hin, jahrhundertelang eine wichtige Verbindung vom Rhein zum Westerwald. Rhöndorf hat sich eine gewisse Eigenständigkeit gegenüber anderen Ortsteilen Honnefs bewahrt und ist als Erholungsort beliebt.

Ein Name ist untrennbar mit Rhöndorf verbunden und hat den Bekanntheitsgrad des Ortes wesentlich gesteigert: Dr. Konrad Adenauer, der häufig auch als ‚Der Große Alte aus Rhöndorf' bezeichnet wird. Von seinem Haus in Rhöndorf aus führte der Weg des 1. Bundeskanzlers der Bundesrepublik Deutschland (1949–63) täglich nach Bonn, und hier widmete er sich in der verbliebenen Freizeit der von ihm geliebten Rosenzucht. Er verstarb in seinem Rhöndorfer Haus

am 19. April 1967 im Alter von 92 Jahren. Sein schlichtes Grab auf dem Rhöndorfer Waldfriedhof erlebt einen ständigen Besucherstrom von nah und fern, der zeigt, wie stark diese Persönlichkeit im Bewußtsein der Bevölkerung weiterlebt.

Der bekannteste Bau von Rhöndorf steht mitten auf der Fahrbahn der Straße von Königswinter nach Honnef. Es ist die Kapelle Zur Heimsuchung Mariens. Der heute verputzte Bruchsteinbau mit dreiteiligem Chorschluß trägt einen Dachreiter mit Schweifhaube und wurde lt. Inschrift über dem Eingang 1714 errichtet.

Von jeher hatte der Weinbau für Rhöndorf Bedeutung. Auch heute noch ziehen sich die Rebanlagen am Fuße des Drachenfels vom Gebiet der Königswinterer Altstadt bis nach Rhöndorf hin (oben) und bilden das zweite geschlossene Weinanbaugebiet im Bereich des Siebengebirges. Seit der Rekultivierung und Neuterrassierung der Rebanlagen im Jahre 1977 werden die Weinberge zudem von breiten Wirtschaftswegen erschlossen, die auch als Wanderwege offen stehen. Eingebunden in das Wegenetz sind das Ulanendenkmal (unten) sowie Zuwegungen zum Drachenfels und in das Rhöndorfer Tal.

Die heutige Stadt Bad Honnef ist aus sechs kleineren Ortsteilen entstanden. Einer davon ist **Rommersdorf** (oben), bei dem die gedrängte Fülle fachwerkständiger Häuser im Ortskern noch heute den Charakter eines geschlossenen Siedlungskerns erkennen läßt. Eine gewisse Eigenständigkeit hat sich auch in der Brauchtumspflege erhalten, wie hier beim Fähndelschwenken (Mitte) vor der Kapelle in der Ortsmitte, die in der Sprachregelung der Einheimischen liebevoll ‚Anna-Dom' genannt wird. Das kleine Rommersdorf grenzt unmittelbar an den Naturpark und öffnet über das romantische Annatal (unten) den Zugang zu dem nicht minder romantischen Tretschbachtal sowie zu den Breibergen, der Fritscheshardt, dem Ölender und der Löwenburg.

Blick auf den Kernbereich der Stadt Bad Honnef mit der kath. Pfarrkirche St. Johann Baptist und den weitläufigen Rathausvorplatz, der vom Gebäude der Stadtverwaltung umschlossen wird.

Die Stadt **Bad Honnef** liegt im südlichen Bereich des Siebengebirges. Der Ortskern besitzt jedoch durch die vorgelagerte Insel Grafenwerth keine unmittelbare Rheinlage. Der Siedlungsbereich ist klimatisch bevorzugt, da Erhebungen des Siebengebirges im Norden und Osten das Eindringen rauher Winde in die Talmulde, in der Honnef liegt, abmildern.

In den ältesten Urkunden wird Honnef Hunepha oder Hunephum genannt. Der Ort gehörte bei der fränkischen Territorialeinteilung zum Auelgau, später den Pfalzgrafen von Niederlothringen und schon kurz nach dem Sieg des Kölner Erzbischofs Anno II. über den letzten Pfalzgrafen den Grafen von Sayn. Das Erzstift Köln unterhielt in Honnef einen Bischofshof und hatte Liegenschaften, die von Vögten der Abtei Siegburg, eines Eigenklosters des Kölner Erzstifts, verwaltet wurden. Möglicherweise schon um 1100 wurde von einem dieser Vögte eine erste Befestigung auf dem Löwenberg errichtet. Bei der ersten urkundlichen Erwähnung (1247) gehörte die Löwenburg bereits zu einer unabhängigen Herrschaft gleichen Namens. Diese war unter dem Grafen von Sayn entstanden, die im 11. Jahrhundert die Landeshoheit über dieses Gebiet errungen hatten.

Honnef wurde nunmehr Hauptort und Gerichtsstätte dieser Herrschaft Löwenburg. Die Burg auf dem Löwenberg sicherte fortan das Land gegen den Machtbereich des Erzstifts ab, das seinerseits auf der gegenüberliegenden Seite des Rhöndorfer Tals Befestigungen auf dem Drachenfels und der Wolkenburg besaß. Nachdem 1451 durch Heirat einer Erbin des Grafen von Löwenburg das Gebiet an das Herzogtum Jülich-Berg gefallen war, entstand aus der Herrschaft Löwenburg das Amt Löwenburg. Es wurde von einem Amtmann verwaltet, der seinen Sitz in Honnef hatte. Infolge der napoleonischen Kriege kam Honnef schließlich zum neuen Großherzogtum Berg und verlor 1808 seine kommunale Selbständigkeit an Königswinter, die es 1862 wiedergewann. Gegen Ende des vergangenen Jahrhunderts erlebte Honnef einen glänzenden Aufschwung als Kur- und Badestadt. Heute ist Honnef die südlichste Stadt des Bundeslandes Nordrhein-Westfalen am rechten Rheinufer und bildet mit Aegidienberg ein Gemeinwesen.

Das moderne Gebäude der Stadtverwaltung von Bad Honnef ist ein polygonaler Zweckbau aus den Jahren 1982/83.

In Nähe des Eingangs zur Pfarrkirche St. Johann Baptist liegt das ‚Hontes', dessen Obergeschoß von der Marktplatzseite her über eine überdachte Freitreppe zu erreichen ist. Dieser sehr alte Bau erhielt 1772 das heutige Aussehen. Er war Ort der Rechtsprechung und des Strafvollzugs für das Hauptgericht Honnef in bergischer Zeit. Der eigenartige Name Hontes leitet sich vermutlich von ‚Huntding', dem fränkischen Hundertschaftsgericht ab. Während Bauten gleicher Funktion in anderen Orten verschwanden, blieb dieses Denkmal der Rechtsgeschichte – vielleicht das letzte seiner Art – in Honnef erhalten.

Die kath. Pfarrkirche St. Johann Baptist (rechts) markiert den Mittelpunkt der Stadt Bad Honnef. Sie hat von allen Kirchen des Siebengebirgsbereichs die älteste Baugeschichte, die bis in das frühe 8. Jahrhundert zurückreicht. Die heutige gotische Hallenkirche, die 1913/14 durch den Bau eines Querschiffs mit drei Apsiden erweitert wurde, entstand um 1500. Von den Kunstschätzen der Kirche ist das Heilige Grab von 1514 hervorzuheben. Diese ausdrucksstarke Monumentalplastik befindet sich in einer Nische der linken Querschiffsmauer.

Das eindrucksvolle Fachwerkhaus an der Kreuzung von Haupt- und Kirchstraße (oben) liegt im Mittelpunkt der heutigen Fußgängerzone, die durch den Brunnen des Königswinterer Künstlers Ernemann Sander belebt wird.

Ebenfalls in der Fußgängerzone und umgeben von Ladenlokalen findet man eine Ruhe- und Spielzone (links), die den Bedürfnissen von Alt und Jung gerecht wird. Die bronzenen Plastiken auf dem originellen Vogelbrunnen lassen sich bewegen.

Im südlichen Bereich von Bad Honnef liegt das Gebiet **Menzenberg-Hagerhof**. Es ist eines der Gebiete, wo früher in Honnef Weinbau betrieben wurde. Die Rebanlagen erstreckten sich hier einst über die Süd- und Westhänge des Menzenberges. Die Gebäude des ehemaligen Weinguts Menzenberg (oben links) und das restaurierte Haus Parzival, das der Dichter und Germanist Karl Simrock im vergangenen Jahrhundert besaß (rechts), erinnern an diese Zeit. Sein Haus war häufig Treffpunkt eines Freundeskreises, zu dem u. a. Freiligrath, Kinkel und Wolfgang Müller von Königswinter gehörten. Auch der Hagerhof war im vergangenen Jahrhundert ein Treffpunkt von Künstlern. Auf seinem Gebiet liegt eine architektonisch interessante Halle mit außenliegenden Stützpfeilern (unten links), in der heute eine Reitschule betrieben wird. – Das Gebiet Menzenberg-Hagerhof liegt unmittelbar an der Naturparkgrenze, von hier führen Wanderwege zur Zickelburg und zum Leyberg und weiter in den Honnefer Stadtwald.

Während im Zuge der seit 1850 betriebenen Rheinregulierung viele Inseln verschwanden und heute als solche nicht mehr zu erkennen sind, blieb die reizvolle Stromspaltung vor Honnef erhalten. Diese wird durch zwei Rheininseln gebildet, die den Strom in drei Arme spalten.

Am linken Rheinufer liegt die Insel **Nonnenwerth** (links oben), die zum Bundesland Rheinland-Pfalz gehört. Auf ihr liegt eine spätbarocke Klosteranlage aus der zweiten Hälfte des 18. Jahrhunderts, in

der nach wechselnden Besitzverhältnissen nach der Säkularisation seit 1854 Franziskanerinnen ansässig sind, die ein angesehenes Gymnasium unterhalten.

Während Nonnenwerth vom Hauptarm und Rolandsecker Rheinarm umströmt wird, wurde die Insel **Grafenwerth** 1790 versuchsweise und 1835/36 endgültig durch eine Kupierung an das rechte Rheinufer angeschlossen. Der hierdurch entstandene und weitgehend naturbelassene Honnefer Altarm entwickelte sich besonders nach dem letzten Krieg zu einem Zentrum des Wassersports vor der Kulisse des Siebengebirges. Viele durchreisende Wassersportler nutzen die Gelegenheit, die Steganlage des Honnefer Wassersportvereins anzulaufen. Sie finden hier ein bewirtschaftetes Clubhaus mit Rheinterrasse und haben Gelegenheit, die Stadt und die Naturlandschaft des Siebengebirges zu erkunden.

Die Insel Grafenwerth ist über zwei Brücken von Bad Honnef aus zu erreichen. Sie ist ein gern besuchtes Naherholungsgebiet mit Thermalschwimmbad, Tennisplätzen, Inselgaststätte und Schiffsanlegestellen. In der Mitte der Insel laden Parkanlagen mit Bänken zum Verweilen und zum Betrachten des regen Schiffverkehrs auf dem Strom ein. Am Nord- und Südende trifft man noch Auenwald im weitgehend naturbelassenem Zustand an.

Bildnachweis

Frieder Berres
17–19, 20 oben, 21, 24 unten, 27 oben, 28, 30, 32, 34, 36–37, 38 r. oben, 39, 40 l. unten, 41–42, 43 l. oben und unten, 46–47, 48 l., 50–51, 52 oben und r., 53, 54 außer l. unten, 56 außer unten, 57, 60, 61 unten, 62 oben, 63, 65 oben, 66, 67 unten, 70–72, 74–75, 78 oben, 79, 81 unten, 83, 86 unten, 88 unten, 90 unten, 94 oben, 98 oben, 101 außer l. oben, 103

Iris Jesko
76–77

Christian Kieß
Titelbild, 20 unten, 22–23, 24 oben, 25–26, 27 unten, 29, 31 33, 35, 38 l. oben und unten, 40 außer l. unten, 43 r., 44–45, 48 r., 49, 52 l. unten, 54 l. unten, 55, 56 unten, 58–59, 61 r. oben, 62 unten, 64, 65 unten, 68–69, 73, 78 unten, 80, 81 oben, 82, 84–85, 86 oben, 87, 88 oben, 89, 90 oben, 91–93, 94 unten, 95–97, 98 unten, 99–100, 101 l. oben, 102

Axel Thünker
67 oben; Nachweis: Stadt Königswinter, Siebengebirgsmuseum

Abdruck der Karte des Naturparks (Seite 6) mit Genehmigung des Landesvermessungsamtes Nordrhein-Westfalen Nr. 476/89